PLURALITÉ DES MONDES.

Jacques-Marie-Antoine-Célestin DU PONT, Cardinal-Prêtre du titre de Sainte-Marie-du-Peuple, Patriarche, Archevêque de Bourges, Primat des Aquitaines, etc.

Sur le rapport qui nous a été fait par la Commission chargée de l'examen des livres, que l'ouvrage intitulé : NOUVEL ESSAI SUR LA PLURALITÉ DES MONDES, par M. L'abbé Verdier, curé de Mosnay, ne contenait rien de contraire à la foi ni aux mœurs, nous en autorisons l'impression.

Donné à Bourges, le 13 octobre 1857, sous notre sceau et le seing de notre Vicaire-Général.

Signé : CAILLAUD, VIC.-GÉN.

NOUVEL ESSAI

SUR LA

PLURALITÉ DES MONDES

AU DOUBLE POINT DE VUE SCIENTIFIQUE ET RELIGIEUX

PAR

L'ABBÉ VERDIER

CURÉ DE MOSNAY.

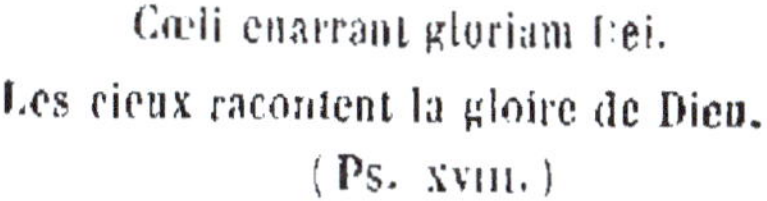

Cœli enarrant gloriam Dei.
Les cieux racontent la gloire de Dieu.
(Ps. XVIII.)

LIMOGES.

BARBOU FRÈRES, IMPRIMEURS-LIBRAIRES.

1857.

Je sais à l'avance que beaucoup de gens traiteront
cet opuscule de rêve et de chimère. Il y en a qui s'é-
tonneront qu'un homme grave ait pu se laisser ainsi
bercer par les rêveries d'une imagination exaltée, et
prendre au sérieux des hypothèses chimériques, sur
lesquelles l'esprit humain ne pourra jamais avoir de
données certaines.

Pourquoi, dira-t-on, courir après l'incertain? Pourquoi se mettre en frais d'imagination pour creuser
dans le vide et fouiller le champ du possible, lorsque la réalité offre à l'esprit humain tant de pla-

cers encore inexplorés, un champ si fécond en découvertes utiles ?

Nous nous contenterons de répondre : A chacun ses goûts, et, par conséquent, à chacun son œuvre. Que d'autres fouillent le sol pour y découvrir quelques parcelles de métal blanc ou jaune ; nous, nous fouillons l'espace pour y découvrir de nouveaux mondes. Nous avons du moins pour nous, et l'élévation du théâtre sur lequel portent nos recherches, et la grandeur de leur objet ; et, s'il vous plaît d'appeler ce petit travail un rêve, je vous rappellerai que la réalité elle-même n'est bien souvent qu'un rêve, et que, si celui-ci a eu pour effet d'élever et d'agrandir nos idées, au moins il aura été utile à quelque chose.

Mosnay, le 5 novembre 1857.

L'Abbé VERDIER.

I

ORSQUE Fontenelle eut publié sa *Plura-lité des Mondes*, l'opinion qu'il y for-mula, que les autres planètes pouvaient bien être habitées comme la nôtre, causa une grande agitation dans les esprits. La curiosi-té publique fut vivement piquée ; tout le monde prit parti pour ou contre, et il y eut alors dans la société lettrée une véritable guerre de parti-sans, dont le théâtre sublime était l'espace.

Mais cette ardeur belliqueuse s'éteignit bientôt, comme tout ce qui est produit par l'enthousiasme du moment. Soit que les données scientifiques sur les

quelles reposait tout le système fussent au-dessus de la
portée du commun, soit que les graves intérêts de la
politique et la gloire du grand régne donnassent alors
aux esprits une direction plus positive et plus oppor-
tune, cette question perdit rapidement sa popularité,
et put se reposer à loisir de l'impression vive mais
éphémère qu'elle avait produite sur son siècle.

Cependant le ridicule, cette affreuse divinité gau-
loise, à laquelle il faut toujours quelques nouvelles
victimes, et pour qui il n'y a rien de grand, de noble
ni de sacré; le ridicule s'empara bientôt de cette idée;
et, s'il ne l'a pas entièrement dévorée — car, comme
certains carnassiers, il a plus de convoitises que de
puissance, — il l'a du moins tellement défigurée que
ses plus grands partisans osent à peine la reconnaître.
Aujourd'hui, ce seul mot d'*habitants dans la lune*
amène un sourire sur nos lèvres et se confond dans
nos idées avec les châteaux en Espagne, l'Eldorado ou
l'île des Plaisirs. Les mieux disposés ne voient là qu'un
beau rêve, une divagation ingénieuse; mais, persua-
dés en principe que cette hypothèse ne s'appuie sur
aucun fondement solide, ils en détournent rapidement leur pensée, comme s'ils regrettaient de lui accor-
der une seule minute d'attention sérieuse.

Cette défaveur universelle, qui est venue ainsi flé-
trir une des plus grandes et des plus nobles concep-
tions, est une preuve de plus de ce que peut sur l'esprit humain l'influence barbare du préjugé, ce redoutable ennemi de tout progrès, ce censeur impi-

loyable de tout ce qui veut se dégager des ténèbres du passé, pour surgir à la lumière.

Le préjugé, voilà ce que toute idée grande a dû combattre et renverser, avant de s'établir d'une façon définitive ; et, tels sont ses effets sur nos faibles esprits, qu'on peut dire de lui ce que Bazile disait du mensonge, qu'il en reste toujours quelque chose.

N'avons-nous pas connu un homme considérable et par son instruction et par sa position dans le monde, qui nous disait sincèrement qu'il doutait encore que ce fût bien réellement la terre qui tournât et non le soleil et les étoiles ?

Pauvre humanité ! comment espérer jamais t'éclairer des vives lumières de la raison, lorsque tu mets tant d'obstination à rester dans les ténèbres ? La raison n'est-elle pas un flambeau céleste que Dieu nous a donné pour nous diriger dans la vie, et nous éclairer sur tout ce qui intéresse nos destinées ? Et lorsque la raison humaine s'harmonise avec la révélation, qui est la raison divine, ne devons-nous pas la regarder aussi comme une sorte d'inspiration de Celui qui ne peut pas plus tromper les hommes qu'il ne peut se tromper lui-même ?

Croire à sa raison, sagement éclairée, c'est croire à Dieu, qui nous a donné la raison.

Avant donc de commencer cet *Essai sur la pluralité des mondes*, nous croyons devoir inviter nos lecteurs à se prémunir contre cette influence aveugle du préjugé, à se débarrasser de toute idée préconçue et à nous suivre avec l'intention loyale de laisser à leur jugement la plus entière liberté. Autrement, notre temps et le leur serait perdu.

Toute idée est un prévenu qui comparaît devant un tribunal ; mais si les juges sont disposés à le condamner quand même, à quoi bon des témoignages, une discussion, des débats ? Ouvrez vite vos noirs cachots, et tirez les verrous sur lui.

Cependant, tout en faisant au préjugé sa large part, nous devons dire, pour être vrai, que le système des mondes habités n'a jamais été traité d'une manière assez sérieuse, assez digne de la grandeur de son objet, et capable de lui gagner beaucoup de prosélytes. C'est là probablement aussi une cause du discrédit où l'a laissé languir l'indifférence publique.

Quoique l'idée première soit très-ancienne, que plusieurs philosophes de l'antiquité, et même quelques Pères de l'Église, l'aient signalée comme probable ou simplement comme possible, Fontenelle est à-peu-près le seul qui lui ait fait les honneurs d'un livre, en 1686.

Mais ce livre n'a guère de valeur que comme œuvre littéraire ; aujourd'hui surtout.

Depuis Fontenelle, la science a fait d'immenses progrès. Les tourbillons de Descartes, sur lesquels il base tout son système, ne sont plus aujourd'hui qu'une sublime chimère, et les magnifiques découvertes de ces derniers temps ont laissé bien loin en arrière les données astronomiques du XVIIe siècle.

Pour le fonds, l'ouvrage n'est plus du tout au niveau de notre époque.

Mais c'est la forme surtout qui lui a été défavorable. Le style gracieux, élégant, compassé ; le mélange hybride des propos maniérés de la galanterie, aux froids calculs de la science ; la subite transition du langage austère d'un Observatoire, aux facéties ambrées d'un boudoir ; ce ton léger et badin d'*entretiens* entre un jeune philosophe et une marquise, le soir, sous une charmille, par un beau clair de lune : tout ce décor sentimental nuit singulièrement au sérieux de la pièce. Le romanesque de la forme déteint sur le fonds, et ne laisse plus dans l'esprit que l'impression fugitive des seuls produits de l'imagination. On voit trop que l'auteur cherche avant tout à faire de l'esprit, qu'il se soucie bien moins de convaincre que de plaire, d'établir un système que de développer, à son occasion, les grâces d'un style enchanteur.

C'est un malheur. La philosophie est la recherche de la vérité : or, la vérité a toujours été représentée nue. Si vous la parez de dehors séduisants et lascifs, de ces oripeaux brillants d'un langage apprêté, de ce luxe provocateur qui charme en éblouissant, alors prenez garde... on pourrait la prendre pour une courtisane ; et quelle méprise!... elle, la Reine légitime des intelligences, la fille incréée de Dieu même !...

Pour nous, si nous tombons dans un excès, ce sera dans l'excès contraire. L'imagination, cette folle du logis , sera sévèrement exclue de ce livre. Nous nous adresserons directement et seulement à la raison.

Que si l'on se plaint qu'il ressemble plutôt à une thèse de Sorbonne qu'à une œuvre littéraire , nous nous en applaudirons ; car c'est notre intention positive.

La vraie parure de la philosophie est l'ordre et la clarté : laissons le clinquant aux charlatans du métier.

II

Ne autre question préliminaire.

Il est bien possible que la question de savoir si les autres mondes sont habités ne soit jamais résolue d'une manière certaine ; car nos observations ne peuvent guère porter que sur la lune, et , la lune n'étant qu'un satellite , c'est-à-dire le complément d'une autre planète, encore que par le perfectionnement de nos télescopes nous parviendrions à acquérir la certitude qu'elle n'est point habitée, nous ne serions pas en droit de conclure à l'absence d'êtres organisés dans les planètes.

La lune est cinquante fois plus petite que la terre : par conséquent, elle n'a qu'une importance tout-à-fait minime ; d'un autre côté, son apparente destination à n'être là, comme les satellites des autres planètes, qu'une commodité, un complément, une domesticité utile et agréable, semble lui enlever tout caractère de personnalité civile.

Enfin, il semble à-peu-près démontré qu'elle n'a point d'atmosphère ; et, dans ce cas, les êtres qu'elle aurait à sa surface seraient dans des conditions essentiellement différentes de la vie terrestre, puisque, chez nous, l'atmosphère, c'est à-dire l'air respirable, est un élément nécessaire à la vie organique.

Mais, s'il est possible que ce problême reste sans solution, il est très-possible aussi qu'il en reçoive une éclatante dans un temps donné. Pour cela, il suffira d'un léger perfectionnement dans les lunettes astronomiques. Nous voyons déjà dans la lune, à l'aide du télescope, comme nous voyons sur la terre, à l'œil nu, à quinze lieues de distance. On y distingue très-bien d'énormes montagnes. On a pu même en mesurer la hauteur, qui dépasse les sommets les plus élevés des Cordilières. Qu'un habile opticien combine savamment une nouvelle forme de lentille, ou qu'il lui trouve seulement une position plus favorable dans le tube instrumental ; qu'on parvienne à centupler encore notre puissance visuelle sur ce qui a déjà été obtenu, et, non-seulement nous pourrons explorer en

détail la surface lunaire, mais nous pousserons l'in-
discrétion jusqu'à aller chez Mars et Vénus surpren-
dre les secrets de leur existence.

Et qu'on ne crie pas à l'exagération, à l'enthousiasme : il n'y a rien ici, je ne dis pas d'impossible,
mais d'étonnant. Que serait donc le perfectionnement
d'un télescope en face des découvertes merveilleuses
qui se multiplient chaque jour avec une si prodigieuse
fécondité ? La vapeur, le gaz, l'électricité, ne reçoi-
vent-ils pas tous les jours les plus admirables perfectionnements dans leur application à l'industrie ? Et,
de bonne foi, si vous entendiez dire qu'on vient d'in-
venter un télescope cent fois, mille fois plus puissant
que tout ce qui a été fait jusque-là, auriez-vous le
droit d'être surpris ?

Nous croyons, nous, que s'il y avait dans l'étude
de l'astronomie le même appât d'avantages matériels
qui se trouve naturellement dans les progrès de l'industrie, il y a long-temps que nous saurions à quoi
nous en tenir sur la lune et les planètes, et que nous
aurions vu, de nos yeux vu, ce qui nous échappera
peut-être long-temps encore.

Ainsi, nous ne voulons pas intimider nos adversai-
res, mais nous leur conseillerons amicalement de se
modérer dans leurs transports, et de ne pas crier trop
haut : au rêve ! à l'utopie ! car, demain le rêve peut
prendre un corps, l'utopie devenir une démonstration,
et leur confusion serait grande.

MAINTENANT formulons hardiment et en gros caractères, cette proposition :

LES MONDES SONT HABITÉS.

Par *mondes*, nous entendons les corps célestes en général : les *planètes* et les *étoiles*. Les planètes, qu'il est assez difficile pour le vulgaire de toujours bien distinguer des étoiles, sont ces astres errants, vaga-bonds, dont les révolutions sont mobiles, qu'on voit tantôt à un point du ciel et tantôt à un autre, qui traversent successivement les diverses constellations du zodiaque sans se fixer dans aucune, et dont la lumière, essentiellement différente de celle des étoiles, n'est qu'une réflexion douce, tranquille et continue des rayons lumineux qu'elles reçoivent du soleil.

Ces corps célestes sont au nombre de sept principaux. Ce sont : Mercure, Vénus, la Terre, Mars, Jupiter, Saturne et Uranus. Tous accomplissent autour du soleil une révolution périodique, dont la durée est plus ou moins longue, et l'ensemble de ces révolutions autour du soleil, comme centre, se nomme *système solaire* ou *système planétaire*.

Les étoiles, au contraire, fixes et immobiles, n'ont aucun mouvement apparent, si ce n'est celui qui résulte de la double rotation de la terre, sur elle-même en vingt-quatre heures, et autour du soleil en un an ou trois cent soixante-cinq jours. Mais ce mouvement ayant lieu comme si le ciel tournait d'une seule pièce, les étoiles demeurent dans la même position les unes par rapport aux autres. Les groupes, les figures, et, pour ainsi dire, le dessin linéaire qu'elles forment sur la voûte céleste, restent ainsi dans les mêmes proportions : il n'y a que leur position relative à la terre qui change, c'est-à dire leur plus ou moins d'élévation au-dessus de l'horizon, à telle heure, à telle saison de l'année.

De plus, la lumière des étoiles nous parvient, non plus, comme celle des planètes et de la lune, par un rayonnement tranquille et continu, mais par des ondulations mobiles et successives, qui frappent la rétine par des vibrations multiples, comme si l'émission des rayons lumineux se faisait par soubresauts et par saccades.

Cette distinction importante bien établie entre les étoiles et les planètes, nous allons nous occuper d'abord de ces dernières ; et, pour procéder avec plus de méthode, nous commencerons par présenter les *raisons* qui appuient notre système, et nous tâcherons ensuite de répondre aux *objections* qu'on pourrait lui opposer.

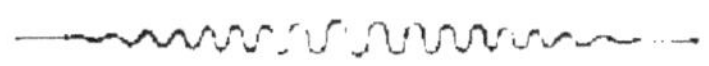

IV

LA première raison qui se présente tout d'abord à notre esprit se tire du *système solaire* lui-même.

Autrefois, c'est-à-dire jusqu'au xvie siècle, on croyait que la terre était immobile, et que le ciel tout entier tournait autour d'elle. Il était naturel, alors, de s'imaginer qu'elle était le centre de l'univers.

Dans cette hypothèse, le soleil n'a plus d'autre destination que de venir régulièrement chaque jour nous apporter sa lumière et cette chaleur bienfaisante qui vivifie la nature; la lune, après lui, vient périodiquement tempérer l'horreur des ténèbres par ses douces clartés, et le ciel tout entier n'est plus qu'une tente sublime que le Créateur a déroulée sur nos têtes, et qu'il y a fixée avec ces clous à têtes de rubis que nous appelons les étoiles.

La terre est le théâtre de la création : le reste n'en est que les décors.

Elle est une reine majestueuse, immobile sur son trône, et les autres sphères qui roulent dans l'espace sont des serviteurs empressés qui viennent tout-à-tour lui offrir leurs services ou leurs hommages respectueux. Le soleil lui-même n'est plus que son premier ministre ; et, lorsque pendant tout un jour, par ses vives splendeurs, il a pu réjouir sa souveraine et lui arracher un sourire, il va se reposer content, et son sort est rempli.

Voilà ce qu'on a cru long-temps : voilà ce qu'il était bien naturel de croire avant les précieuses découvertes de l'astronomie moderne.

Mais les rôles sont bien changés, aujourd'hui !

Le trône de la terre a été brutalement renversé, son sceptre brisé, sa couronne foulée aux pieds. Confondue sans honneur dans les rangs du vulgaire, elle est réduite à son tour aux humbles fonctions de la servitude, et contrainte de payer le tribut d'hommages qu'elle avait jusque-là reçu des autres.

On le voit, c'est toute une révolution : c'est, comme dans les contes de Perrault, la plus belle princesse du monde qui est devenue gardeuse de dindons.

Un jour, un bon chanoine de Frawenbourg, nommé Zépernic (Copernic), ne s'imagine-t-il pas, entre Vêpres et Matines, que c'est la terre qui tourne et non le soleil ; que cet astre doit être immobile, et que c'est une double rotation de la terre qui produit l'apparence trompeuse du double mouvement qu'il paraît accomplir.

Cette idée émise, un autre savant s'en empare, la féconde de ses labeurs, et la produit au grand jour en un système qui, de son nom, devient le système de Galilée.

D'abord on s'étonne, puis on murmure, puis on crie. L'agitation est bientôt à son comble.

Cependant, la philosophie raisonne ce système ; le calcul en main, la science le démontre : et, moins d'un demi-siècle après son apparition, son adoption était universelle.

Aujourd'hui, il est prouvé astronomiquement qu'en effet le soleil est immobile, qu'il est le centre de notre monde, qu'il est 1,500,000 fois plus gros que la terre, que toutes les planètes tournent autour de lui et sont dans sa complète dépendance, que la terre accomplit sa révolution privée sans aucune importance particulière qui la distingue, et qu'au lieu d'être le centre des mouvements astronomiques, comme on l'a cru, elle n'a qu'un rang tout-à-fait secondaire dans l'ordre hiérarchique des mondes. — Quand nous disons que tout ceci est prouvé astronomiquement, nous prions de remarquer que les démonstrations astrononiques reposent sur des preuves physiques et mathématiques, et doivent, par conséquent, exclure tout doute de notre esprit.

Ceci posé, voici notre raisonnement :

Dans toute société régulière, l'importance de la personne se reconnaît à son rang, à la place qu'elle occupe, à l'appareil qui l'entoure. Les serviteurs environnent le maître avec empressement; les soldats se groupent autour du général ou défilent devant lui ; le roi est assis sur un trône élevé, tandis que ses courtisans, hiérarchiquement rangés, occupent des places inférieures. Partout où règne l'ordre, il y règne aussi ce principe, qui en est l'élément, qu'à tout seigneur tout honneur, et qu'il doit y avoir une juste proportion entre l'importance de la personne et les conditions de sa vie extérieure et publique.

Ce principe est dans la nature même; car l'esprit d'ordre qui caractérise notre humanité, n'est qu'un bien pâle reflet de cette Sagesse infinie qui a jeté tant d'harmonies dans ses œuvres.

Or, dans le système solaire, le soleil est un roi gigantesque qui concentre en lui-même la puissance et la force vitale ; et les planètes, chacune en son rang, ne sont que des courtisans dociles concourant aux splendeurs de sa cour, et occupant humblement la place qui leur a été assignée par une volonté souveraine.

Dans ces rangs inférieurs, la terre ne vient qu'en quatrième ligne par ordre d'importance : trois autres,

Jupiter, Saturne et Uranus, l'emportent sur elle par leur volume, et aussi par le plus grand nombre de leurs satellites. Vénus lui est à peu près égale, et deux seulement lui sont inférieurs, Mars et Mercure.

Mais, si la terre seule est habitée, si elle est le centre moral et unique de la création, que deviendront toutes nos idées d'ordre et d'harmonie? Comment pourrons-nous reconnaître cette adorable Sagesse qui a su mettre partout une si admirable proportion entre le tout et les parties?

Quoi! la terre serait la reine de l'univers; il existerait à sa surface le seul être intelligent qui puisse connaître Dieu, le louer, le bénir; Dieu ne se serait proposé, dans le travail de la création, pour fin seule digne de lui, que l'hommage de reconnaissance et d'amour que lui renverrait la terre; et, cette terre, l'âme et le centre de la création, l'unique objet de ses complaisances, il l'aurait jetée avec ignominie dans les rangs obscurs des sphères inférieures, confondue dans la foule, et inféodée à un système d'ignoble servitude!...

Non, non; c'est impossible : cette seule idée répugne à ma raison.

Ou donnez à la terre la place qui lui convient, le rang et l'importance qu'elle mérite si elle seule est habitée; ou, si vous la laissez à la place que vous lui avez faite dans la foule, souffrez que je ne lui reconnaisse aucune dignité particulière; que j'estime les sphères qui lui ressemblent aussi agréables et aussi chères au Créateur par l'hommage qu'il en reçoit ; et que, là où mes yeux et ma raison me démontrent une égalité parfaite, je ne croie plus au privilége.

Que le soleil et les étoiles tournent autour de la terre immobile, qu'ils reconnaissent sa suzeraineté par quelque hommage de féale dépendance, à la bonne heure... je croirai à son importance, à ses titres, à sa mission privilégiée ; et je ne demanderai pas mieux, car il en reviendra un grand honneur à l'homme, et j'en aurai naturellement ma part. Mais, de grâce, ne touchez pas à la terre, respectez sa majesté, et n'allez pas, comme ces astronomes indélicats, l'envoyer tout bonnement promener autour du soleil, comme une aveugle cavale condamnée à tourner la meule.

Je ne pourrais jamais traiter en souveraine celle que vous traiteriez ainsi en esclave.

En d'autres termes, la terre, n'étant pas le centre de la création matérielle, ne doit pas être non plus son centre surnaturel. C'est une conséquence toute morale, il est vrai, mais de nature à impressionner profondément, pour peu qu'on ait une connaissance exacte de la cosmographie universelle, et qu'on veuille sérieusement réfléchir sur la singulière anomalie qu'introduirait dans l'ordre général de l'univers, cette idée que la terre seule est habitée, et que cet immense privilége a été accordé, exclusivement à toute autre, à une pauvre petite planète perdue dans mille milliards de mondes qui lui ressemblent ou lui sont supérieurs.

Pour nous, qui avons assez médité ces choses, nous ne savons si nous éprouverions plus de répugnance à rejeter toutes les démonstrations de l'astronomie moderne, c'est-à-dire l'évidence mathématique, et à revenir à l'ancien système qui faisait de la terre le centre des mouvements du ciel, que d'aller chercher notre planète dans le rang secondaire qu'elle occupe, pour en faire l'âme de l'univers.

Si, d'un côté, nous avions contre nous la toute-puissance logique de l'expérience et du calcul, nous avons, de l'autre, une telle dérogation à l'ordre universel, un désaccord si choquant avec l'harmonie de la nature, une anomalie si opposée en apparence à la sagesse qui a été déployée avec tant de luxe dans l'œuvre de la création, qu'il nous semblerait aussi facile d'admettre que deux et deux ne font pas quatre, que de croire que Dieu aurait pu nous donner des idées d'ordre et d'harmonie que ne justifieraient pas ses œuvres.

Oui, cette impression que nous éprouvons, la ré flexion doit nécessairement la faire naître dans tout esprit suffisamment édifié sur l'admirable organisation des mondes, et si cette impression trouve de la résistance, elle n'est dûe qu'à l'influence mensongère du préjugé.

Habitués, en effet, à ne regarder les corps célestes

que comme des fleurs brillantes qui émaillent le vaste champ de l'espace, et à ne les juger que d'après le faible volume qu'ils offrent à nos regards, cette impression toute extérieure passe dans nos âmes, s'y formule en idées, s'y condense en jugements, et devient presque instinctive, tant elle est naturelle.

L'étude de la nature augmente encore nos illusions.

Quand nous contemplons au microscope les merveilles que nous foulons aux pieds ; quand nous nous sommes extasiés devant la structure délicate et brillante d'une aile de moucheron, ou que nous avons admiré des milliers de monstres marins se jouant dans une goutte d'eau, comme dans un océan sans bords : nous croirions volontiers que la terre est le chef-d'œuvre de la création, que là a dû s'épuiser la toute-puissance divine.

Mais quand la science astronomique a fait tomber de devant nos yeux le voile épais qui nous cachait l'univers ; quand notre œil, armé du télescope, a pu mesurer l'espace, embrasser l'ensemble de ses sphères, les étudier, les comparer, les analyser en quelque sorte : oh ! alors, la scène change subitement. Les idées s'agrandissent : la terre ne devient plus à son tour qu'un atôme microscopique ; mille mondes l'écrasent de leurs splendeurs ; et l'on se demande comment le grand Ordonnateur des choses a pu pousser le détail jusqu'à s'occuper d'elle.

Qu'après un de ces coups-d'œil dans l'immensité, réfléchis et profonds, on se demande tout aussitôt s'il est possible que la terre soit l'âme de l'univers et son centre moral, je défie que la raison réponde autrement que par une invincible répugnance.

J'entrai un jour dans une vaste basilique, dans un de ces monuments du moyen-âge, où la foi de nos pères semble avoir voulu s'élever à la hauteur de Celui qu'ils voulaient honorer. Après avoir franchi le portail gigantesque, je contemplai avec saisissement l'immensité des proportions, la hardiesse des voûtes, l'ampleur et l'harmonie des lignes, la profusion des colonnes qui ressemblaient à une forêt de granit, le luxe de l'ornementation, etc., etc;... mais je ne vis pas d'autel.

J'étais cependant bien dans un temple; je n'en pouvais douter; et l'autel, ce théâtre sacré de l'immolation, cette pierre tumulaire du sacrifice, est l'âme du culte dans toutes les religions.

Mais voici qu'interrogé par moi, un suisse me conduit dans un coin obscur d'un des bas-côtés, et là me montre dans l'ombre, sous une voûte surbaissée, un autel, ou plutôt un soupçon d'autel, petit, mesquin, informe; et — c'est là, me dit-il, le seul autel de l'église.

Je crus à une mystification. Je me redressai pour lui témoigner avec hauteur mon indignation, lorsque ce mouvement me réveilla d'un profond sommeil.

Heureusement, c'était un rêve!..

Mais lorsque, dans l'immense univers, qui est le temple de la création, vous allez chercher dans un bas-côté inaperçu, dans le plus obscur des recoins, notre misérable planète, pour y placer le seul autel où Dieu soit glorifié, ne pourrais-je pas croire aussi à une mystification? et pourrai-je jamais admettre que le divin Architecte ait pu placer *là* ce qui devait se dresser avec majesté au chevet de l'abside, ou au rond-point de la coupole?

Partout dans l'univers règne l'harmonie la plus parfaite, pourquoi vouloir briser cet ordre général pour la satisfaction d'un amour-propre de clocher?

Contentons-nous de l'égalité devant la loi, et ne revendiquons pas des priviléges qui ne sont plus en harmonie avec les idées reçues, avec les progrès de la science astronomique.

J'ai connu — ceci n'est plus un rêve — un pauvre paysan, habitant une hutte isolée, dans un humble village du Bas-Berry, qui se croyait le roi de France et de Navarre, et qui entrait en fureur lorsqu'on lui contestait ce titre.

Sa folie n'était rien en comparaison de la nôtre, qui trônant, avec une majesté burlesque, sur cet escabeau grossier qu'on appelle la terre, nous imaginons être les rois de l'univers, et revendiquons ce titre avec un ton de risible suffisance.

V

L A seconde raison que nous invoquerons
est l'*analogie*.

Nous voyons sept planètes principales tourner autour du soleil. La terre
en est une; mais elle est en tout semblable
aux autres, et n'a rien, astronomiquement par-
lant, qui lui donne ou plus ou moins d'importance.

Deux sont plus petites qu'elle; une lui est à peu
près égale; trois sont plus grosses.

Elle n'est ni la plus rapprochée du soleil, ni la plus

éloignée, ni au milieu, mais à une place intermédiaire.

Elle a un double mouvement de rotation, l'un sur elle-même, l'autre autour du soleil; et chacune des autres planètes le possède également.

Elle a à son service particulier une lune ou satellite; mais Jupiter en a quatre, Saturne sept, et Uranus, auquel on en connait déjà six, en a probablement un plus grand nombre encore.

Ainsi, il y a la plus parfaite analogie dans leurs mouvements, dans leur configuration, dans leur dépendance commune du soleil, dans les phénomènes accessoires qui les caractérisent : j'en conclus donc que la même analogie doit exister dans leur destination et dans le but pour lequel elles ont été créées.

Comment pourrait on jamais admettre qu'une de ces planètes, celle précisément que nous nous trouvons habiter, aura sur ses sœurs le singulier privilége d'être la raison dernière de leur existence, d'accaparer toute importance réelle, et de fixer sur elle seule toute la sollicitude providentielle du souverain Maître de l'univers; tandis que les autres, nées du même Père, soumises aux mêmes lois, à la même dépendance, jouissant des mêmes prérogatives, ayant une physionomie et des allures pareilles, identiques dans le fonds et dans la forme, suivant la même route, jetant le même éclat, recevant d'un foyer commun la chaleur et la lumière, redevables au même moteur des forces combinées qui les soutiennent en équilibre, n'auront, elles, d'autre destination, dans les desseins du Créateur, que de laisser tomber sur celle-ci ce faible jet de lumière qui accuse leur présence, et de concourir pour une si faible part, à rehausser les destinées brillantes de leur cadette privilégiée?

Encore une fois, qu'on bannisse tout préjugé, qu'on laisse la raison seul juge de la situation, et bientôt elle tirera cette conclusion naturelle : que si Dieu a placé sur la terre des êtres capables de le glorifier, s'il a voulu que notre globe, en reconnaissance du bienfait de sa création, lui payât le juste tribut de ses hommages et de ses adorations, il a dû se procurer dans les autres le même concert de louanges en retour du même bienfait; que, s'il est vrai que ce qu'il y a de plus parfait dans la création, de plus noble et de plus digne de Dieu, c'est, sans contredit, la nature intelligente et libre, la substance immatérielle des esprits, la pensée qui connaît, le sentiment qui aime; cette nature spirituelle, seule capable de connaître et de glorifier Dieu, a dû être placée par lui sur tous les théâtres où sa puissance semble s'être exercée de la même manière et dans les mêmes conditions; que si nous ne pourrions comprendre la terre telle qu'elle est, avec les beautés et les merveilles de sa nature, sans un être intelligent qui les admire et en loue le Créateur, il est aussi difficile d'imaginer d'autres mondes aussi riches en merveilles, sans une pensée qui en glorifie l'auteur.

Ainsi, en nous plaçant à un point de vue plus élevé,

nous pouvons considérer la terre comme un être animé : la race humaine en est l'âme. C'est cette âme qui la relève et l'anoblit ; elle en fait un être pensant, aimant, libre ; elle l'élève, pour ainsi dire, jusqu'à la dignité de personne ; et l'homme est à peu près à la terre, ce que l'âme est à l'homme.

Mais, si la terre est animée, si elle est un être personnel, si elle a une âme enfin, pourquoi les planètes, ses sœurs, qui ont la même enveloppe matérielle, la même organisation extérieure, le même corps, n'auraient-elles pas une âme comme elle ?

Pourquoi ? Voyons, pourquoi ?

Lorsque l'analogie est si frappante, quelles bonnes raisons pourrait-on avoir de la faire cesser précisément à ce qui est le plus digne de Dieu, à l'intelligence ?

En voyant apparaître un homme au loin, ne jugerez-vous pas qu'il a une âme comme les autres, par conséquent, qu'il pense, par cela seul qu'il leur ressemble ? Ne vous direz-vous pas avec raison : cet homme est composé extérieurement comme les autres, donc, intérieurement aussi ; il a un corps comme les autres, il a donc une âme comme les autres.

Eh ! bien, ce raisonnement si simple, si élémentaire qu'il ressemble à une ineptie, quelle raison aurez-vous de ne pas l'appliquer aux planètes ? N'est-il pas aussi convenable que ces grands corps aient une âme, que cet insecte humain qui rampe sur la terre ? Et n'y a-t-il pas entre les planètes la même analogie, la même ressemblance qu'entre les différents membres de la race humaine ? Nous allons bientôt donner quelques détails de cette ressemblance ; mais consultez les astronomes, ouvrez leurs livres, regardez à travers leurs lunettes, et vous verrez qu'elle est parfaite.

Faisons maintenant une supposition, qui se rapportera autant à la première raison que nous avons tirée de l'ensemble du système solaire qu'à la raison d'analogie que nous développons ici.

Si vous considériez Saturne avec un télescope d'une puissance ordinaire, vous apercevriez très-distinctement sept lunes tournant autour de lui à des distances inégales. Ce gracieux ensemble est une miniature assez exacte du grand tableau que représente le système solaire. Mais, si quelqu'un venait vous dire qu'un de ces satellites concentre en lui seul toute l'importance de l'ensemble ; que ses six collègues et Saturne lui-même, dont les proportions sont relativement énormes, ne sont là qu'accessoires, que lui seul motive leur existence, et qu'ils n'ont de valeur que par les services qu'ils lui rendent : l'admettriez-vous sans résistance, surtout si l'on ne vous apportait aucune preuve de cette singulière assertion ? Ne vous écrieriez-vous pas plutôt avec une légitime indignation : C'est invraisemblable, c'est impossible !..

Or, qu'au lieu de la terre, on prenne pour observatoire une des étoiles les plus rapprochées de notre système, Sirius, par exemple ; que, de là, on braque un télescope vers notre soleil. Nous le supposerons assez puissant pour qu'il permette, non-seulement de

voir notre soleil, mais même d'apercevoir les sept
planètes principales qui gravitent à l'entour. Le coup-
d'œil alors sera à peu près le même que celui que
nous offrait tout-à-l'heure Saturne. Le soleil nous
apparaîtra plus ou moins gros, suivant la force que
nous prêterons au télescope, et les planètes ne seront
plus que de petits points lumineux, presque imper-
ceptibles, comme nous apparaissent les satellites de
Saturne.

Mais, de bonne foi, comment cet observateur ima-
ginaire que nous avons placé dans Sirius, pourrait-il
supposer que des sept atômes lumineux qui tournent
autour de l'astre lointain qu'il observe, il en est un,
infiniment plus noble et plus important que les autres, qui concentre en lui seul les fins du Créateur,
seul animé, seul intelligent, fixant sur lui seul les
regards complaisants de la Divinité, et accaparant à
son profit unique tout l'intérêt que Dieu porte à ses
créatures. Les autres ne sont que des machines, des
automates ; et lui, qui leur ressemble en tout, lui seul
pense, connaît Dieu et l'honore ; les autres exécutent
machinalement, comme des instruments aveugles, ces
mouvements harmonieux qui forment un concert de
louanges à la gloire du Très-Haut ; lui seul prête l'o-
reille aux accords, jouit du spectacle et y applaudit ;
enfin, les six autres planètes, sans aucune différence
qui les déprécie aux regards, sans aucune marque visible de réprobation, plusieurs même avec de plus
nobles proportions, des allures plus distinguées, un

appareil plus imposant, sont là sans mission et sans but, avec une utilité problématique, tandis que la septième est la reine de l'univers.

Notre observateur de Sirius pourra-t-il raisonnablement admettre cette hypothèse, surtout, je le répète, si on ne l'appuie d'aucune preuve solide?

C'est pourtant à ce point de vue qu'il faut se placer si l'on veut raisonner juste et s'affranchir du préjugé.

Tant que nous resterons sur la terre, elle nous apparaîtra si énorme, si colossale, que nous la croirons toujours ce qu'il y a de plus important dans le monde. Nos yeux nous habituant chaque jour à ne regarder le soleil et la lune que comme des utilités domestiques, les étoiles comme de célestes pâquerettes, et le ciel comme la tente qui nous abrite, notre pensée, sans songer que ces phénomènes sont communs à d'autres mondes, réduit l'univers à des proportions graduées sur son néant, resserre l'infini dans les limites d'un domaine privé, et ne fait plus du grand ouvrage de la création qu'une habitation agréable, commode et bien aérée, que Dieu a préparée à l'homme.

Mais, comme nous le disions tout-à-l'heure, si nous sortons de l'étroite enceinte où nous sommes confinés; si, sur les ailes de la science, nous élançant dans l'espace, nous nous arrêtons sur la crête sublime de quelque monde isolé, et que de là nous contemplions l'immensité, le préjugé disparaît bien vite dans les profondeurs de l'abîme avec la misérable planète qui en était l'objet; et si alors nous voulions juger des sphères par leur apparence extérieure, notre globe serait à peine à nos yeux un grain de cette poussière brillante que nous jetons sur le papier humide encore de nos dernières pensées.

L'étude comparative de notre monde, voilà le seul moyen de redresser notre jugement à son égard. Il faut le considérer non tel qu'il nous paraît, mais tel qu'il est dans ses rapports sociaux, pour ainsi dire. Pour une fourmi, une orange serait une énorme montagne; pour un animalcule microscopique, un grain de sable deviendrait un monde : tant il est vrai, que tout est relatif pour les êtres créés, et qu'il n'y a que Dieu pour qui tout soit positif, absolu.

Si donc, nous voulons juger sainement des choses, il faut s'en détacher, s'isoler, se désintéresser dans la question; et, dans l'espèce, pour bien juger la terre, il faut la voir de loin.

Or, vue de loin, avec les données certaines que nous fournit la science, la terre n'est plus qu'une planète comme les autres. Délivrée des influences locales, la raison la leur assimile complètement, aussi bien sous le rapport moral et surnaturel, que sous le rapport des formes extérieures ; et l'on arrive ainsi sans effort à cette conclusion logique : que, les *planètes* ressemblant à la terre, elles *sont habitées* comme elle. — Ce qu'il fallait démontrer, comme on dit en mathématiques.

MAIS entrons dans quelques détails, et cherchons dans la *constitution physique* des planètes, la troisième preuve qui doit encore confirmer la thèse que nous prétendons soutenir.

Et d'abord, elles ont une *atmosphère*.

Ce fait est prouvé d'une manière indubitable par la physique expérimentale.

En effet, quand on suit avec attention la marche des planètes, et que l'une d'elles, dans sa course errante, doit éclipser une étoile, on voit la lumière de cette étoile, au lieu de disparaître subitement, éprouver un mouvement de recul apparent, et revenir un instant sur ses pas avant d'être éclipsée. Mais cette apparente rétrogradation, cette déviation anormale des rayons lumineux, d'après les lois bien connues de la physique, ne peut être causée que par la réfraction de la lumière stellaire, et cette réfraction, par une atmosphère. Un corps simplement opaque ne saurait la produire.

Telle est la lune, par exemple. Lorsqu'elle se trouve éclipser une étoile — ce qui lui arrive assez souvent — on ne remarque aucun phénomène de cette nature, et l'étoile disparaît instantanément sous son disque. C'est pour cette raison que nous croyons plus probable qu'elle n'est point habitée ; parce que cette non réfraction de la lumière à son contour prouve qu'elle n'a point d'atmosphère, et l'atmosphère, au moins d'après nos idées terrestres, semble une condition indispensable à la vie.

Les planètes, au contraire, possèdent toutes cette propriété réfringente : aussi, les astronomes admettent-ils unanimement qu'elles ont une atmosphère comme la terre.

Mais, si elles ont une atmosphère, quelle en peut être la destination ?

Là encore, nous en appelons à toutes les idées reçues, au plus simple bon sens, à la bonne foi la plus vulgaire.

L'idée seule d'atmosphère n'entraîne-t-elle pas avec elle l'existence d'une vie organique dont elle est l'élément premier ? Et, là où il n'y aurait pas de vie, une atmosphère ne serait-elle pas une superfétation ?

Que les planètes ne soient qu'un bloc stérile, brut, informe, qu'ont-elles besoin alors d'être enveloppées d'une couche d'air plus ou moins épaisse? L'air, c'est le souffle de la vie matérielle, comme l'âme est le souffle de Dieu; mais là où il n'y aurait aucun principe de vie, pourquoi y aurait-il ce qui le féconde et le développe? Comment supposer les différents phénomènes produits par l'atmosphère, comme le vent, la rosée, la pluie, sans êtres vivants qui en soient l'objet?

S'il n'y a pas de nuages à former, de pluies bienfaisantes à répandre, de plantes à vivifier, de principe vital à former dans ses éléments constitutifs et à développer par la croissance, de sang à renouveler dans les poumons, de nature à seconder dans son travail perpétuel; s'il ne doit envelopper qu'une masse granitique, une matière inerte et morte, l'air perd sa raison d'être; il n'est plus qu'une superfluité inexplicable dans la nature, où tout est motivé, et devient une cause sans effets, absurdité non moins grande par rapport à Dieu, qu'un effet sans cause.

On nous dira peut-être que cette atmosphère peut avoir une utilité que nous ne connaissons pas, et que, d'ailleurs, il pourrait, à la rigueur, exister des êtres vivants à la surface des planètes, comme des animaux et des plantes, sans qu'il y eût pour cela d'être intelligent comme l'homme.

Nous répondrons d'abord, que si l'on veut quitter le bon sens pour courir après des suppositions gratuites, le raisonnement devient impossible.

Il peut se faire que l'atmosphère des planètes ait une utilité que nous ne connaissions pas ? — Sans doute ; comme il peut se faire toute autre hypothèse plus ou moins arbitraire. Mais les probabilités, mais la certitude morale, mais le témoignage des sens, l'analogie, les conclusions les plus élémentaires de la logique, le sens commun ; il faut renverser tout cela, dénier à la raison tout pouvoir sur notre esprit, et tomber dans un pyrrhonisme absolu. Il faut croire, ou que notre raison n'est qu'un leurre, ou que Dieu se serait plu à nous jouer par les apparences les plus trompeuses. Ce qui répugne autant à la sagesse qu'à la véracité divine.

Comment !... d'un côté, je comprends parfaitement le but d'une atmosphère, je vois et j'admire ici-bas sa destination merveilleuse ; d'un autre côté, je connais sa propriété de réfraction des rayons lumineux : mille expériences la démontrent ; les éclipses de lune — où la lumière *cendrée* qui se projette sur la partie obscurcie du disque est l'effet des rayons du soleil réfractés par l'atmosphère terrestre — rendent ce phénomène visible et en quelque sorte palpable au plus grossier vulgaire : je retrouve ce même phénomène aux contours des planètes ; il me prouve invinciblement, à moi physicien, qu'elles ont une atmosphère pareille à la nôtre : et vous voulez que je renonce aussitôt aux idées que cette atmosphère fait essentiellement naître ; qu'elle ne soit plus là-bas, comme ici, un principe fécondant : qu'elle y soit sans

but identique, sans destination analogue!... Allons
donc... ou je me fais illusion, ou il y a là une mons-
trueuse absence de sens commun. Car enfin, un fait
est un fait, un raisonnement est un raisonnement, et
le préjugé le plus tenace, fût-il de la force de cent
mille chevaux, ne saurait l'ébranler quand il est
juste.

Ici, n'ai-je pas pour moi la logique? N'est-ce pas un
argument *à pari*, comme disent les philosophes, établi
sur les données les plus certaines, les plus évidentes?
Et vous, vous m'opposez une supposition gratuite, sans
fondement aucun et sans vraisemblance!!...

Quant à admettre des plantes et des animaux à la
surface des planètes, sans un être intelligent qui en
soit la cause occasionnelle, qui en jouisse en les ad-
mirant, et pour qui cette nature providentielle soit un
motif de reconnaissance envers le Créateur; cette seconde supposition est simplement absurde.

Il ne peut y avoir là aucun but digne de Dieu.

En admettant des êtres vivants dans ces sphères,
quelle raison aurait-on d'en exclure l'homme, nous
voulons dire l'intelligence, et de s'arrêter précisément
au seul être que la gloire de Dieu, seul mobile de la
création, réclame plus impérieusement que tout autre? Ce serait une injustifiable obstination.

Aussi, nous n'appuierons pas davantage sur ce
point, et nous nous contenterons de conclure, que
l'atmosphère des planètes doit avoir une destination
analogue à celle de la terre; que chez elles, comme

chez nous, elle est l'élément d'un principe de vie orga- nique, et que, comme l'homme ici-bas, une intelli- gence supérieure y préside à la nature.

VII.

Ais, en second lieu, outre l'atmosphère qui les entoure, l'*écliptique* des planètes est encore *inclinée* sur le plan de leur équateur, absolument comme dans la sphère terrestre, à la seule différence du plus ou du moins, exigée probablement par les différences de leur distance au soleil et de leur densité relative.

C'est encore un fait acquis à la science.

Or, on connaît toute l'importance de cette inclinaison pour le changement des saisons et les variations atmosphériques.

C'est d'elle, en effet, que résulte l'obliquité plus ou moins grande que la surface de notre globe oppose aux rayons du soleil, l'inégalité des jours et des nuits, la succession régulière de températures diverses, les grandes chaleurs de l'été, les froids de l'hiver, les si douces tiédeurs du printemps et de l'automne, phénomènes heureux qui accusent une sagesse toute providentielle.

Eh! bien, tous ces phénomènes se retrouvent dans les planètes.

Dieu les a lancées autour du soleil avec un mouvement elliptique qui fait qu'elles en sont tantôt plus rapprochées, tantôt plus éloignées, comme la terre.

Il les a placées sur leur axe, de manière à ce que leurs jours soient inégaux, comme la terre.

Il a ainsi établi chez elles une heureuse diversité dans l'etat de l'atmosphère, des variations de climats, de températures, de saisons, encore comme sur la terre.

Ne sommes-nous donc pas en droit d'en conclure que ces combinaisons providentielles ont eu, pour elles comme pour nous, le but de féconder et d'entretenir le développement d'un principe vital? Nous admirerions pour nous la Providence dans ces phénomènes, et nous ne voudrions pas reconnaître ses mêmes effets chez les autres? Ce serait une injustice lui faire, une inique restriction de ses gloires infinies et de ses droits à la reconnaissance de l'univers.

Mais, si les mêmes effets prouvent ordinairement la

même cause, par une réciprocité bien légitime, la
même cause devra prouver les mêmes effets : et
ainsi, si dans notre monde sublunaire, l'inclinaison
de l'écliptique est un bienfait dont nous devions re
mercier la divine Providence ; si elle a pour but évi-
dent de favoriser la vie dans les deux règnes de la
nature qui en sont doués, reconnaissons cette même
Providence partout où elle s'est manifestée, et croyons
qu'il est d'autres êtres semblables à nous qui ont obtenu le même bienfait, et qui savent peut-être mieux
en bénir le Dispensateur suprême.

VIII

NFIN, nous trouvons dans les *satellites* dont sont pourvues plusieurs planètes, une induction non moins frappante en faveur de notre opinion.

La lune a été donnée à la terre, disent nos saints livres, « pour qu'elle présidât à la nuit. » C'est une veilleuse discrète qui protége son sommeil, un fanal domestique qui favorise les besoins accidentels de la vie, en tempérant de sa lumière incertaine l'horreur des ténèbres; un gigantesque reverbère — c'est le mot le plus exact (1), — que

(1) On sait que la lumière de la lune n'est que la réverbération de celle du soleil.

l'Edile souverain de la nature fait allumer périodiquement pour les facilités de la vie sociale.

Qu'on joigne à ces avantages son influence sur la végétation qu'elle rafraîchit de son rayonnement salutaire, son action attractive et répulsive sur les eaux de la mer qu'elle remue, qu'elle agite, qu'elle purifie, et pour laquelle elle est ce qu'est le jeu des poumons dans la vie animale, enfin tous les effets physiques qui lui sont attribués; et l'on comprendra de quelle utilité nous est ce satellite, mais aussi sa position précaire et sa condition servile.

Car la lune est bien évidemment une dépendance, une servitude, un complément, un appendice de notre globe. Non-seulement les services qu'elle lui rend par son influence et sa lumière, mais encore sa petitesse relative, et sa révolution autour de lui comme centre, lui donnent un caractère manifeste de domesticité : le nom de satellite que lui donne la science, en est la noble expression.

Or, une fois cette destination de la lune bien comprise, nous ferons ce simple raisonnement :

Si vous aperceviez, la nuit, à travers les lames d'une persienne, de la lumière dans un appartement, qu'en concluriez-vous ? — Qu'il est habité, sans doute; et qu'il y a quelqu'un à l'intérieur? — Cette réponse est si naturelle, qu'elle approche de la naïveté.

La conclusion que nous voulons tirer ici, et que chacun prévoit déjà, n'est pas moins ingénue.

Nous dirons : si la terre n'était pas habitée, la lune.

placée à côté d'elle dans les conditions où elle se trouve, paraîtrait à la raison humaine aussi absurde qu'une lampe, la nuit, dans une chambre vide ; mais, d'autres planètes ont des lunes comme la terre, elles sont donc habitées comme elle.

La simplicité même de ce raisonnement en fait la force : il est rare que ce qui est simple ne soit pas vrai.

Maintenant, que d'autres planètes aient réellement des satellites comme notre lune, c'est ce que chacun peut voir de ses yeux, au moyen d'un télescope ; c'est ce que nous avons vu avec bien du plaisir, nous-même, dans une de ces lunettes de carrefour qui stationnent tous les soirs sur les principales places de Paris, et qui sont à la disposition du public, moyennant quelques centimes.

Ainsi, comme nous l'avons déjà dit, trois autres planètes ont des lunes semblables à la nôtre ; seulement elles en ont un plus grand nombre. Jupiter en a quatre, Saturne sept, et Uranus en a probablement davantage encore, quoique la prodigieuse distance qui nous en sépare, ne nous ait permis que de lui en reconnaître six.

Ces lunes ont absolument la même destination apparente que la nôtre, sont dans la même dépendance de leurs planètes respectives, et accomplissent autour d'elles les mêmes révolutions. Si elles sont plus nombreuses, cela s'explique naturellement, et par la grosseur plus considérable de leurs planètes, et par leur plus grande distance du soleil.

Que si l'on s'étonnait de ce que les trois autres planètes, Mars, Vénus et Mercure n'ont point de satellites comme les autres, nous répondrions d'abord, que nous ne nous chargeons point d'expliquer tous les phénomènes de la nature ; mais nous pourrions dire cependant, que Vénus et Mercure étant bien plus rapprochés du soleil, et en recevant une lumière bien plus intense, n'ont pas les mêmes besoins de ce supplément d'éclat. Quant à Mars, plus éloigné que nous, il est vrai, du soleil, on peut supposer avec quelque raison, qu'il trouve dans la hauteur et la densité *exceptionnelles* de son atmosphère, et dans ses propriétés *extraordinairement* réfringentes, double fait bien constaté par la science, un moyen de suppléer à l'absence de tout satellite, et de se suffire à lui-même.

Quoiqu'il en soit, notre raisonnement conserve toute sa force. Si la lune est une preuve que la terre est habitée, Jupiter a pour lui quatre de ces preuves, Saturne sept, et Uranus un nombre indéterminé, six pour le moins.

Il est impossible qu'on ne soit pas frappé de ce fait raisonné. Nous l'avouons, de toutes les preuves que nous avons apportées à l'appui de ce système, c'est peut-être celle qui nous impressionne le plus fortement. Nous devons avouer encore que c'est précisément la contemplation de Saturne et de ses satellites dans une lunette astronomique, qui a été l'occasion de cet opuscule et la source des convictions intimes que nous nous efforçons d'y répandre.

Quand on voit ces sept petits corps célestes, si empressés autour de l'énorme planète, lui prêter leur vive lumière, l'environner en tout sens de leurs soins assidus, il est impossible de supposer que de si gentils serviteurs aient été donnés à un corps insensible, à une statue de granit, et qu'il n'y ait pas dans Saturne un être intelligent qui l'anime, un esprit qui admire, une âme qui pense, médite et bénit.

Comme vous, lorsque le soir vous allez visiter un ami, si, de la rue, vous voyez sa fenêtre éclairée, vous vous dites : sa lampe brûle, il y est, montons : moi, j'ai vu sept lampes merveilleuses, sept lanternes chinoises suspendues avec symétrie tout autour de Saturne, et je me suis dit : il y a là-haut une intelligence amie qui médite à leur douce clarté, montons.

Montons nous serrer cordialement la main, montons converser ensemble, faire un doux échange d'idées et de sentiments, nous ouvrir mutuellement nos cœurs et les épancher l'un dans l'autre.

Montons..... *Il est si doux de n'être pas* SEUL AU MONDE !

IX

Nous voudrions couronner ces preuves, tirées de l'ordre purement physique, par des considérations d'un ordre supérieur, que nous pourrions appeler *raisons de convenance ;* mais la délicatesse du sujet nous imposant la plus grande réserve, nous nous contenterons de faire les réflexions suivantes, laissant à chacun le soin de les compléter de ses impressions personnelles.

Nous savons parfaitement que Dieu aurait pu, dans les desseins de son impénétrable sagesse, choisir la terre entre tous les mondes, pour être l'encensoir sacré d'où monterait jusqu'à son trône un doux parfum de louanges. Nous savons qu'un seul soupir d'amour de la part de ses créatures suffit amplement à le dédommager de ce que nous appelons improprement le travail de la création, mais de ce qui n'est que la manifestation extérieure d'un seul acte de sa volonté ; que nous ne devons pas raisonner de Dieu comme des hommes, et que des milliards de mondes n'ont pas plus coûté à sa toute-puissance, qu'ils ne sauraient ajouter à ses éternelles félicités.

Mais nous ne pouvons cependant nous défendre d'un sentiment inné qui nous porte invinciblement à comparer les effets à leur cause, et à rechercher dans la fin la proportion, la convenance, et, en quelque sorte, la justification des moyens.

Or, quel est le philosophe chrétien, qui, après avoir contemplé l'univers, avoir sondé les sublimes profondeurs de l'espace, cubé les mondes par une pensée rapide, supputé d'un regard leurs innombrables phalanges, ne s'est point surpris, en repliant sa pensée sur la terre, se demandant dans un doute extatique, si Dieu avait bien pu se proposer pour fin dernière de ses œuvres, l'hommage équivoque des misérables enfants de la terre ? si cette fin unique était bien digne de lui, et s'il avait pu réduire à des proportions si mesquines le seul temple de l'univers où il ait voulu être servi *en esprit et en vérité ?*

Si l'on examine ensuite de quelle manière l'homme remplit sa mission, quel décevant spectacle !

L'histoire de l'humanité n'est que l'histoire de ses

forfaits. Depuis la première page où l'homme, fraîchement sorti de son moule divin, se révolte contre son auteur immédiat, jusqu'à la dernière, où les intérêts exclusifs de la matière laissent les pensées surnaturelles dans l'indifférence et le mépris, quel horrible tissu d'impiétés, de crimes et de blasphèmes !.. Pendant quarante siècles la terre entière, selon l'expression de Bossuet, n'est qu'un temple d'idoles : un seul peuple est fidèle à Dieu, et quelle fidélité ! Cent fois il l'abandonne malgré les menaces de ses prophètes, et au milieu même des faveurs les plus signalées, pour aller brûler son encens à l'autel de Baal. Partout et toujours, même depuis les sanglants mystères du Calvaire, l'homme a détourné le cours régulier de ses aspirations natives, pour suivre le mirage perfide du sensualisme et de l'orgueil ; et, se laissant aller sans effort à l'entraînement de ses passions, a laissé dans l'oubli ses destinées glorieuses, ou ne s'en est ressouvenu que pour les sacrifier aux plus brutales jouissances.

Serait-ce donc là le seul être que Dieu aurait chargé du soin de sa gloire ? Et les tumultueuses clameurs qui s'élèvent de la terre, ces vociférations affreuses où domine le blasphème, où la faible voix de la reconnaissance se perd dans les imprécations de la révolte et de l'outrage, seraient-elles donc cet hymne d'amour que Dieu attend de ses créatures, ce concert magnifique de louanges qu'il a dû se proposer comme fin digne de lui ?

Encore une fois, c'est possible : mais quel mystère !...

Au contraire, qu'on laisse tomber ce voile du préjugé qui nous isole dans l'univers ; que chaque grain
de poussière dans la céleste plage soit une sphère,
chaque sphère un monde, chaque monde le séjour
d'êtres intelligents comme l'homme : le mystère dis-
paraîtra bientôt, et la raison, illuminée de splendeurs
nouvelles, pourra contempler avec ravissement les
gloires infinies du Très-Haut.

Alors, en effet, le champ s'ouvre à denouvelles hypothèses ; l'équilibre moral des mondes devient en quelque sorte parallèle à leur équilibre physique ; et la
glorification divine retrouve dans des mondes plus
fidèles, où surabondent les mérites, une digne compensation de ce qui lui est ravi parmi nous.

Car si d'autres mondes sont peuplés d'êtres intelligents et libres, il doit exister dans leurs conditions
d'être la même variété qui caractérise les corps qu'ils
habitent.

S'il est vrai qu'il n'est pas sur le vaste lit des mers
deux grains de sables parfaitement semblables, il
n'est pas non plus dans la plage céleste deux corps
qui se ressemblent. L'intelligence *infinie* qui a guidé
l'*infinie* toute-puissance dans l'œuvre de la création,
a varié *à l'infini* les combinaisons du possible.

C'est pourquoi, tout en admettant l'existence, dans
d'autres sphères, d'êtres qui nous ressemblent par la
fin, nous croyons à de très-grandes différences, non-seu-

lement dans la forme matérielle, mais dans la nature même des facultés de l'âme et dans leurs rapports avec Dieu.

La chûte originelle, à laquelle nous devons l'imperfection de notre être et moral et physique, cette désobéissance solidaire de toute une race dans son chef, ce refus formel du seul être intelligent d'un monde à reconnaître la suprématie divine, sont peut-être une exception unique dans les fastes de l'univers. Et, quoique les grands mystères de l'Incarnation et de la Rédemption, qui en sont la conséquence, aient pu s'accomplir simultanément, — nous le croyons du moins, — dans autant de mondes divers que s'accomplit chaque jour sur la terre en mille endroits différents, l'adorable mystère de nos autels, on conçoit néanmoins la possibilité d'une infinité de combinaisons providentielles qui ont pu varier à l'infini les rapports de la créature au Créateur, et, par suite, les mérites ou les démérites.

Il peut donc exister dans le monde des intelligences une mutuelle pondération qui rétablit l'équilibre moral, comme nous la voyons dans les sphères matérielles, maintenir l'ordre et l'harmonie.

De cette façon, si la note qui s'élève d'un monde à la gloire de Dieu, est faible dans son isolement, réunie au grand concert du vaste univers, elle concourt à l'ensemble, et devient ainsi digne du grand Dieu qu'elle honore.

Si la sublimité de ces considérations ne les rend pas

téméraires, nous les croyons de nature à jeter un grand jour sur bien des mystères de l'ordre moral.

Les esprits tristement impressionnés de l'immense prépondérance ici-bas du mal sur le bien, y trouveront avec joie un digne contre-poids aux iniquités de la terre ; le chrétien fidèle y puisera des consolations ; et le philosophe orgueilleux, écrasé sous un si majestueux appareil de grandeur, rentrera peut-être dans son néant, humble, soumis, convaincu.

Telles sont les *raisons* que nous avons cru devoir apporter en faveur de notre système. Elles sont nombreuses : nous les croyons assez graves pour déterminer une adhésion raisonnée à l'opinion qu'elles apppuient.

Mais pour les compléter encore et leur donner plus de force, nous allons répondre sommairement aux principales *objections* qu'on pourrait nous opposer.

Après avoir pris une place d'assaut, un général prudent en rase les fortifications : c'est ce que nous allons essayer de faire.

X

Es objections sont de deux sortes, comme les preuves elles-mêmes que nous avons invoquées. Les unes sont *physiques* et les autres *morales*.

On dit d'abord « que l'analogie entre la terre et les autres planètes n'est point parfaite, attendu que la terre seule se trouve dans un milieu habitable, à une distance tempérée du soleil, et dans la seule région mitoyenne qui puisse convenir au développement régulier d'un principe de vie organique ; que Mercure, la planète la plus rapprochée du soleil, en recevant une chaleur sept fois plus intense que celle de notre zône torride, et qu'Uranus, la plus éloignée, en étant à une distance dix-neuf fois plus grande que celle qui nous en sépare, ne peuvent pas, selon toutes les probabilités, comporter à leur surface d'êtres organisés ; que la température du premier maintiendrait le plomb à l'état liquide, et que le second ne reçoit que la trois cent soixante-deuxième partie de la lumière qui nous vient du soleil ; qu'ainsi, toute analogie disparaît, et que la conclusion qu'on en tire n'a plus aucun fondement. »

Ce raisonnement serait juste si les éléments constitutifs de chaque planète étaient *les mêmes*, si l'inclinaison de leur écliptique était *la même*, si la densité de leur atmosphère était *la même* ; si, en un mot, il y avait *une identité parfaite*, soit dans la nature même de la masse, ou, si l'on veut, du sol, soit dans les phénomènes extérieurs qui existent à sa surface. Mais nous admettons, et la science la démontre invinciblement, une très-grande variété dans tous ces éléments.

Nous avons déjà vu, par exemple, que l'atmosphère de Mars a une hauteur et une densité, et est douée d'une puissance de réfraction, incomparablement plus grandes que celles des autres planètes, et que cette particularité qui le distingue, semble être une compensation des satellites qui lui manquent, et dont sont pourvus la Terre et Jupiter entre lesquels il se trouve.

Des particularités analogues doivent affecter chaque planète, suivant les besoins de sa position. L'atmosphère de Mercure doit amortir les rayons solaires
et arrêter l'excès de la lumière et de la chaleur, tandis que celle d'Uranus, au contraire, doit avoir une
propriété convergente, comme le foyer de nos len-
tilles convexes, concentrer la lumière et la chaleur,
et augmenter dans une juste mesure leur densité in-
trinsèque.

Ne voyons-nous pas, chez nous, les effets différents qu'y produit une atmosphère différente ?
Lorsqu'une épaisse couche de nuages s'interpose entre
le soleil et nous, la lumière a-t-elle la même intensité
que lorsque l'air est calme, et ses hauteurs transpa-
rentes et sereines ?

Nous avons encore dans la mobilité de notre écliptique, un exemple bien frappant de variations cli-
matoriales engendrées par des différences de position
presque insensibles.

Ainsi, tout le monde sait qu'en décembre il fait
très-froid, et très-chaud en juillet; mais, ce que tout
le monde ne sait peut-être pas, c'est que nous sommes
plus près du soleil en décembre qu'en juillet. La différence de température ne vient donc pas là d'un plus
proche voisinage du soleil, mais uniquement de l'o-
bliquité un peu plus marquée que notre surface oppose
aux rayons solaires. En juillet, ces rayons étant
plus verticaux, tombant plus d'aplomb, éprouvent
une déperdition moins grande, tandis qu'en décem-

bre , ils nous arrivent obliquement et glissent sur le sol sans le pénétrer.

C'est ainsi qu'avec une simple variation de quelques degrés , soit dans la hauteur de l'atmosphère ou dans sa densité, soit dans l'inclinaison de l'écliptique, soit dans la perméabilité du sol, soit même dans la sensibilité organique de leur nature vivante , les planètes deviennent habitables , parfaitement habitables.

Que si néanmoins ces légères modifications ne suffisaient pas à nous édifier complètement sur l'habitabilité des planètes les plus éloignées, de Saturne et d'Uranus, par exemple ; rien n'empêche de supposer chez elles des phénomènes *extraordinaires* en rapport avec leur *extraordinaire* éloignement. Quand nous disons *supposer* , qu'on veuille bien remarquer qu'il ne s'agit pas ici de suppositions gratuites : ces sortes de suppositions n'ayant de valeur qu'en imagination , nous les repoussons avec mépris comme indignes de nos intentions sérieuses. Mais c'est une manière d'exprimer la timidité avec laquelle seule on peut aborder certaines questions sur lesquelles la science ne s'est point encore expliquée.

Toutefois, prenons une de ces planètes : Saturne.

Nous la voyons environnée dans tout son pourtour, et parallèlement à son équateur, d'une zône immense de lumière , qu'on a appelée *anneau*, disncte, et séparée de la planète d'une distance de

8,000 lieues au moins, et ayant une largeur approximative de 12,000 lieues.

Voilà bien, je crois, ce qu'on peut appeler un phénomène *extraordinaire*.

Eh! bien, pourquoi ne supposerait-on pas pour destination à cette ceinture lumineuse, soit de concentrer la chaleur solaire sur la masse de Saturne avec une puissance toute particulière, soit de former avec les sept satellites qui l'entourent un système de réflexion puissante analogue à ces combinaisons de miroirs opposés qui donnent en ce genre de si étonnants résultats ?

Divers historiens rapportent qu'Archimède incendia, à l'aide des rayons du soleil, la flotte de Marcellus qui assiégeait Syracuse ; on attribue à Proclus, au v⁵ siècle, un pareil incendie de la flotte ennemie devant Constantinople ; et, dans ces derniers temps, Buffon, au moyen d'une combinaison de glaces étamées, brûla subitement un ais de sapin à cinquante mètres de distance.

Pourquoi donc cet anneau et ces satellites qui réfléchissent les rayons solaires avec un éclat si prodigieux, n'auraient-ils pas quelque vertu semblable ? Leur affectation précisément à la planète la plus éloignée qu'on puisse observer assez en détail, ne doit-elle pas nous engager à conclure non-seulement à la possibilité de ces phénomènes extraordinaires que nous avons supposés, mais même à leur très-grande probabilité ?

Cependant, comme ces inductions ne reposent sur aucune donnée certaine, nous ne les présentons ici que comme luxe de détails, et non point comme raisons fondamentales.

Nous saisirons en même temps cette occasion, pour nous expliquer, en passant, sur l'habitabilité du soleil lui-même.

Jusque-là, nous ne nous sommes point occupé de cette importante question, parce que les raisons d'analogie que nous invoquions surtout, ne nous permettaient pas de sortir du cercle des planètes, sans nous exposer à briser l'enchaînement des idées que nous voulions développer. Mais, l'objection qui nous a été faite, nous poussant d'elle-même à l'examen des possibilités ou des impossibilités de l'habitation des mondes, nous nous emparons avec bonheur de cette occasion de compléter notre système, en unissant à nos études sur les planètes l'astre éclatant qui en est le centre unique.

Or, le soleil est aussi *habitable*.

Hâtons-nous de dire, pour notre décharge personnelle, que celui qui a émis le premier cette opinion hardie, est l'illustre astronome anglais Herschell, auquel la science est redevable de tant de découvertes précieuses, et qui lui a fait faire à lui seul de si rapides progrès.

D'après ses observations, confirmées depuis et universellement admises aujourd'hui comme les plus probables, le soleil se compose de trois parties bien distinctes : un noyau opaque, entièrement obscur, qui constitue le corps même de l'astre ; une atmosphère nuageuse, très-dense, supportée par un fluide élastique ; et, au-dessus, une seconde atmosphère, gazeuse et incandescente, qui est celle dont nous recevons la lumière et la chaleur.

Dans ces conditions, Herschell ne fait point difficulté d'admettre que le corps du soleil pourrait comporter à sa surface une nature vivante analogue à celle de la terre. L'atmosphère intermédiaire, d'une nature va poreuse et très-dense, surtout dans sa partie supérieure, ne laisserait pénétrer à l'intérieur que le degré nécessaire de lumière et de chaleur, et le garantirait, à l'instar d'un écran, des feux excessifs de l'atmosphère ignée qui l'entoure.

Cette explication confirmée par l'étude scientifique des taches du soleil, et l'autorité d'un homme aussi éminent, nous dispensent de tout raisonnement.

Nous nous bornerons donc à constater comme un fait, l'habitabilité du soleil lui-même, nous réservant d'en faire le point de départ de considérations ultérieures.

XI

Ais on tire de l'ordre surnaturel des objections plus sérieuses et auxquelles il
n'est pas si facile de répondre.

Malgré sa faiblesse, la raison humaine est encore à l'aise dans la nature, parce
qu'elle sent que c'est son empire : mais, si
elle veut en sortir et pénétrer dans le monde
surnaturel, alors il lui faut un guide, un
flambeau.

Seule, elle ne voit que ténèbres, elle s'égare.

Celui qui a dit à l'Océan : « Là, contre ce grain de
sable, viendra se briser l'orgueil de tes flots ; tu n'i-

ras pas plus loin, » a dit aussi à l'intelligence orgueilleuse de l'homme : « Celui qui voudra scruter la majesté de Dieu, sera opprimé par la gloire. »

La révélation est le flambeau précieux que Dieu a bien voulu prêter à la raison humaine pour la guider et l'éclairer. C'est elle qui, suppléant à l'impuissance de notre esprit, nous donne sur la divinité les connaissances nécessaires à l'accomplissement de nos fins dernières, et nous révèle, avec une certitude positive et absolue, toutes les vérités métaphysiques qu'il nous importe de connaître.

Comme elle vient aider notre raison, elle lui est donc supérieure ; et la raison lui doit une humble soumission.

La raison, c'est l'homme ; la révélation, c'est Dieu.

C'est pourquoi, rien ne peut être vrai contre la révélation, et tout ce qui lui est évidemment contraire, est faux en principe et par essence.

Si donc le système que nous soutenons, contrariait en un seul point les vérités qui nous ont été révélées de Dieu, nous l'abandonnerions aussitôt, et nous le rejetterions avec colère dans les profondeurs de l'espace, comme on rejette un mets amer qui nous a trompé par de flatteuses apparences.

Mais aussi, quand la raison n'est plus en opposition avec la révélation, mais va de front avec elle, elle reprend tout son empire ; et comme elle est aussi un flambeau qui nous vient de Dieu, un rayon de la

Divinité, nous devons la suivre dans les directions qu'elle nous donne.

On ne s'étonnera sans doute pas que nous fassions place ici à quelques aperçus théologiques. Prêtre, nous devons par état soutenir les doctrines religieuses ; philosophe, nous devons par conviction rendre à la vérité divine les plus purs hommages de notre intelligence.

Ceci nettement posé, abordons les objections.

La première nous vient du récit que fait la Genèse de l'œuvre même de la création.

« Au commencement, y est-il dit, Dieu fit le ciel et la terre. Le premier jour, il fit la lumière ; le second jour, il sépara les eaux du firmament ; le troisième, il réunit les eaux dans le bassin des mers, mit les continents à nu, et créa le règne végétal; le quatrième, il établit dans les cieux des astres lumineux, le soleil pour le jour, la lune et les étoiles pour la nuit ; le cinquième, il peupla l'océan et les airs ; le sixième, il créa les animaux terrestres, et couronna enfin son œuvre par la création de l'homme à son image. »

Voilà l'histoire abrégée de l'origine des choses, telle que nous l'a rapportée Moyse, l'organe inspiré du Très-Haut.

« Mais, dit-on, si les autres corps célestes ont autant et plus d'importance que la terre, non-seulement comme valeur matérielle, mais, d'après votre système, comme valeur intellectuelle et morale, comment expliquerez-vous alors le peu d'importance qu'ils ont dans ce récit, où ils ne figurent que comme détail, comme un ornement qui doit concourir avec les autres à la décoration du séjour que Dieu prépare à l'homme? D'après la règle des proportions et d'après l'analogie que vous invoquez, ne devraient-ils pas occuper une aussi large place, exiger un travail aussi long, et mériter autant de soins de la part du Créateur, que cette pauvre terre que vous faites si petite et si humble? Et cependant, Dieu, qui emploie six jours à la formation graduelle de notre globe, crée en un seul jour tous les autres mondes. Ne sommes-nous pas en droit d'en conclure, que les astres du firmament ne sont à la terre que ce que lui sont les oiseaux dans les airs, les fleurs dans les champs, les animaux à sa surface, dont la création se trouve confondue avec la leur? Et si, la matière étant donnée, on doit estimer un ouvrage d'après le temps qu'a exigé la main d'œuvre, pouvez-vous leur donner une valeur égale à la terre qui a coûté cinq fois plus de temps et de travail? Ils ne sont donc qu'une ornementation de la terre, et la terre seule, pour laquelle toutes choses ont été faites, renferme le seul être du monde capable de connaître et de glorifier Dieu. »

Voilà l'objection dans tout son jour.

Nous l'avons ainsi mise en relief parce qu'étant à-peu-près la seule sérieuse qu'on puisse nous opposer, si nous parvenons à la réfuter avec succès, nous aurons remporté un très-grand avantage.

Or, rien n'est plus simple, à notre avis, que cette réfutation. Il suffit pour cela de lire avec un peu d'attention la première page de la Genèse.

Nous y voyons, en effet, que le premier jour Dieu fit la lumière, et que ce n'est que le quatrième qu'il créa le soleil et les astres du firmament.. Mais comment expliquer que Dieu ait pu faire la lumière avant le soleil et les astres ? Ne sont-ils pas les foyers naturels de la lumière et la cause qui la produit ?

Avant la belle théorie de Descartes sur les ondulations de la lumière, les explications qu'on donnait de cette singularité ne devaient pas être très-satisfaisantes ; mais la science est venue confirmer le récit de Moyse, et aujourd'hui, la théorie de Descartes, qui distingue la lumière du mouvement lumineux, est adoptée par l'universalité des physiciens.

Il est à-peu près démontré que la lumière est un fluide très-subtil, que l'on nomme *éther*, répandu dans l'espace ; et que les corps lumineux, comme le soleil et les étoiles, n'ont que la propriété de mettre ce fluide en mouvement. Ce mouvement se communique de proche en proche par des ondulations, jusqu'à ce que son action venant affecter notre rétine oculaire, y produise le phénomène de la vision. Il devient donc facile aujourd'hui d'expliquer l'apparente contradiction de nos Saints Livres, en disant, que le premier jour Dieu a créé la lumière, c'est-à-dire ce fluide qu'il vous a plu appeler *éther*, et que, le quatrième, il a donné aux astres la propriété de met-

tre ce fluide en mouvement et de produire l'éclat qui
en résulte.

C'est ainsi que la science, dans sa perfection, au
lieu de contredire la révélation, comme le fait avec
tant d'audace le demi-savoir, vient tôt ou tard, comme
les Mages de l'Orient, rendre hommage à sa divinité
et se prosterner devant elle.

Mais, cette même théorie, qui est venue donner
une si heureuse explication d'une difficulté jusque-
là si embarrassante, renverse du même coup l'objection formidable qu'on vient d'opposer à notre
système.

En effet, si Dieu, le quatrième jour, a créé le
soleil, la lune et les étoiles, que doit-on donc enten-
dre par ce premier verset de la Genèse : « *au commencement*, c'est-à-dire avant même le premier jour,
Dieu créa le ciel et la terre ? » Qu'était donc *le ciel*,
et que pouvait-il être, avant la création des sphères
célestes ? — L'espace ? — Mais l'espace n'est qu'une
capacité ; c'est, si vous voulez, l'étendue du possible,
mais ce n'est pas un être réel. — L'éther ? ce fluide
qui selon Descartes remplit l'univers? — Mais ce fluide
n'a été créé que le premier jour, et il s'agit ici d'une
création qui a eu lieu *au commencement*, c'est-à dire
à ce premier instant des éternités où Dieu a agi en
dehors de lui-même, et que vous pouvez supposer
aussi près que possible du *commencement de l'éter-
nité*, si cette expression n'est pas absurde. — Serait-ce
le vide ? — Bien moins encore ; car le vide c'est le

néant, et, dire que Dieu ait créé le néant, ce serait une contradiction, une absurdité.

N'est-il pas plus simple d'admettre, avec beaucoup de théologiens et de philosophes, qu'*au commencement* Dieu a créé d'une manière informe le ciel et la terre, c'est-à-dire tous les mondes qui sont dans l'espace ; que, par cette création du *commencement*, il n'a fait que produire les matériaux sur lesquels il devait opérer plus tard, le bloc, pour ainsi dire, informe et brut, qu'il devait dégrossir et façonner par ses œuvres postérieures ; et que, comme le ciel et la terre se trouvent réunis dans ce premier acte de la création, ils devront l'être encore dans le travail successif des six jours ?

Qu'ainsi, après avoir créé la masse brute des mondes en même temps que la masse brute de la terre, le ciel brut et la terre brute ; Dieu, dans chacun des six jours, a créé *dans chaque monde* des perfectionnements progressifs de la matière, jusqu'au sixième, où il laisse tomber sur son dernier ouvrage, toujours dans chaque monde, ce souffle divin qui l'anime et qui doit procurer sa gloire. De cette façon, l'action du Créateur devient parallèle et simultanée pour tous les mondes à la fois : elle multiplie les perfectionnements successifs comme elle a *au commencement* multiplié les matières premières, et ainsi, chaque monde a sa Genèse correspondant à la nôtre, œuvre par œuvre, progrès par progrès, jour par jour.

On voit alors combien il est facile, en rapprochant

cette explication de la théorie cartésienne, de répondre à la difficulté que nous opposait l'objection, à savoir : « Que les astres, n'ayant été créés que le quatrième jour, n'étaient plus qu'un détail accessoire, et perdaient tout droit à être comparés à la terre, qui avait coûté cinq fois plus de temps et de travail. » Ce qui a été créé dans les astres au quatrième jour, ce n'est donc plus leur corps, leur masse, cette création du bloc remonte *au commencement* aussi bien que celle de la terre, comme nous venons de le voir ; mais c'est uniquement la propriété qu'ont les corps célestes de mettre en mouvement le fluide lumineux, propriété qu'ils n'avaient pas jusque-là, mais dont la privation ne les empêchait pas d'exister antérieurement, comme la terre elle-même.

Car, il est bon de remarquer que cette propriété qu'ont reçue les corps célestes de nous éclairer, soit directement, soit par réverbération, la terre l'a reçue également à leur égard, et qu'elle renvoie la lumière du soleil aux autres planètes absolument comme celles-ci en agissent avec nous.

Une autre observation digne de remarque, c'est que cette propriété lumineuse dont la terre a été douée, le quatrième jour, en même temps que les planètes, ne lui a été donnée qu'après l'encaissement des eaux et la création du règne végétal, c'est-à-dire tout ce qui réfléchit la lumière avec le plus de perfection. Cette observation appliquée aux planètes, nous explique pourquoi la propriété lumineuse leur a été communiquée si tard : elles avaient besoin que leur surface fût polie, lisse et brillante, par suite de phénomènes créateurs correspondants aux nôtres, afin d'agir avec plus de force sur l'éther et de lui communiquer des vibrations plus intenses.

Ainsi, et pour nous résumer, de même que la lumière existait déjà avant que les astres ne vinssent la mettre en mouvement, de même les astres existaient aussi avant qu'ils n'eussent cette propriété. La corrélation est naturelle ; et, si vous n'êtes plus étonné de voir de la lumière exister trois jours sans soleils, ne le soyez pas davantage de voir des soleils exister trois jours sans lumière. D'un autre côté, les astres ne sont plus seulement un détail d'ornementation pour la terre, mais *le ciel et la terre* ont été créés ensemble *au commencement;* chaque monde possède ainsi sa Genèse correspondant à la nôtre; et, le quatrième jour, si les astres reçoivent la propriété de nous éclairer, la terre est douée d'une propriété réciproque par rapport à eux, sans aucun préjudice, ni de part ni d'autre, pour leur existence antérieure.

On voit, comme nous l'avons dit, que rien n'est plus simple que cette solution, parce que rien n'est plus rationel et plus conforme à la révélation.

Non-seulement donc notre système ne contredit pas la Genèse, mais il en facilite la compréhension, éclaircit de vagues obscurités, et établit une heureuse harmonie entre elle et la raison.

XII.

Une autre objection pourrait à la rigueur se tirer des mystères de l'Incarnation et de la Rédemption.

On pourrait dire : « que la seconde Personne de l'adorable Trinité ayant accordé à la terre la grâce d'un si incommensurable amour, et y ayant opéré de si grandes merveilles d'immolations et de sacrifices, on serait en quelque sorte obligé, par analogie, d'admettre de semblables mystères dans les autres mondes, et que cette seule idée renferme des invraisemblances et des impossibilités que la raison et la foi repoussent de concert. »

Nous répondrons en deux mots, que la puissance de l'amour n'est pas moins infinie en Dieu que la

puissance créatrice ; que s'il a pu créer mille millions
de mondes comme la terre, il a pu y déployer mille
millions de fois les mêmes prodiges de dévouement et
d'amour; que nulle intelligence créée ne peut sonder les
profondeurs de la bonté divine, et que nulles limites
possibles ne sauraient lui être assignées ; que si, sur
la terre, l'incompréhensible mystère de l'Eucharistie,
qui est la rénovation permanente de l'Incarnation et
de la Rédemption divine, peut se produire à la fois
dans des millions d'endroits différents, et se multiplier
mille fois au même lieu et au même instant, il doit
nous donner la mesure de ce que la Divinité a pu opérer simultanément à tous les points de l'espace ; que
cependant les manifestations de l'amour divin ont dû
subir la même variété que celles de sa puissance, et
que d'autres combinaisons non moins merveilleuses
ont pu les modifier à l'infini; que d'ailleurs, rien
n'oblige à admettre dans tous les mondes la même
dégradation originelle de la nature pensante, et, par
conséquent les mêmes mystères de réparation ; qu'on
doit, au contraire, aimer à croire à l'existence de mondes plus parfaits que le nôtre, où l'intelligence créée
a conservé, pleine et entière, la perfection de son
être, et où rien n'a brisé les rapports naturels de la
créature au Créateur ; qu'ainsi, loin de répugner à
ces possibilités, la raison et la foi ne doivent y voir
qu'un développement des attributs divins plus rationel et plus digne, une plus majestueuse manifestation des perfections infinies de Dieu.

XIII

ENFIN, la plus grande difficulté peut-
être qu'on puisse opposer à l'admis-
sion de ce système, c'est la crainte
qu'il ne soit un premier pas, un
acheminement vers ces systèmes philosophiques qui tendent à diviniser la nature, et
qui, sous le nom de matérialisme, de
déisme, de panthéisme, ont tour à tour sapé
les fondements du principe religieux, nié la révélation, et abouti à l'incrédulité.

Cette crainte, au premier abord, peut sembler légitime.

Nous ne disconvenons pas qu'il pourrait y avoir un certain danger à étendre subitement jusqu'à l'infini, des horizons jusque-là très-restreints. Il y en a auxquels la tête tourne, lorsqu'ils sont au haut de la colonne Vendôme ou dans la lanterne du Panthéon, et qui sont obligés de s'appuyer à la rampe.

Mais cet étourdissement n'est que passager : bientôt on se familiarise avec la hauteur de sa position, et l'on peut se pencher sur l'abîme, sans crainte et sans effroi.

Ainsi en est-il des hauteurs nouvelles où quelque grande idée élève subitement les esprits. La première impression sera peut-être funeste à quelques-uns ; mais peu à peu l'imagination se rassure, la raison reprend le dessus, elle dresse sa tente dans ces régions nouvelles, et en prend possession avec le calme qui convient à la puissance.

Lorsqu'au commencement du XVIIe siècle, Galilée produisit au grand jour le système qui faisait du soleil le centre du monde, il se manifesta aussitôt une sensation de surprise universelle qu'on ne peut mieux comparer qu'à l'étourdissement dont nous venons de parler. La tête sembla tourner à l'Europe, et l'on eut besoin de s'appuyer à la rampe de la révélation... ce garde-fou providentiel qui couronne les plus hauts sommets de l'intelligence... pour se rassurer, et s'habituer aux nouveaux horizons qui surgissaient tout-à-coup.

L'Église, mère inquiète et vigilante, craignant justement pour le salut de ses enfants, jeta aussitôt un cri d'alarme ; et, mue par un sentiment bien naturel d'inquiète sollicitude, se hâta de condamner le nouveau système, avant de s'être pleinement assurée que le danger qu'elle redoutait fût bien réel.

Cette condamnation, que les ennemis de l'Eglise ont si abusivement exploitée, et qui fut l'acte, non de l'Eglise enseignante, mais d'un simple tribunal de censure, moitié politique et moitié religieux, établi à Rome, comme dans tous les Etats, pour la sauvegarde de la Religion et des mœurs ; cette condamnation, dis-je, dans l'esprit des théologiens qui la portèrent, n'avait pas uniquement pour but d'empêcher qu'on ne crût à l'immobilité du soleil et au mouvement de la terre... choses en soi fort indifférentes et n'intéressant ni la foi ni les mœurs... mais, c'est qu'on entrevit les conséquences que les esprits mal intentionnés ne manqueraient pas d'en tirer, pour en faire le point de départ de systèmes anti-religieux ; et l'on voulait étouffer le mal dans son germe. Car, l'Eglise, plus que tout autre, sait ce qu'il en coûte de laisser l'erreur jeter de trop profondes racines :

Principiis obsta : serò medicina paratur
Cùm mala per longas invaluère moras.

Mais l'on comprit bientôt qu'il n'y avait aucun danger pour la foi dans ces nouvelles idées, et une déclaration solennelle de l'Inquisition permit, quatre ans après, en 1620, d'enseigner le nouveau système astronomique, comme opinion soutenable.

Depuis, les progrès admirables des sciences mathématiques et physiques sont venus donner à l'idée copernicienne la certitude de l'évidence, sans que la foi en ait reçu le moindre dommage.

Nous croyons qu'il n'y a pas plus de danger pour la foi dans la théorie philosophique que nous soutenons ici que dans le système de Galilée; car l'une n'est, à bien prendre, que le développement et l'extension de l'autre.

Dès-lors qu'on admet le soleil comme centre et foyer des planètes qui l'entourent, on enlève par-là même à la terre tout caractère de suzeraineté, on la fait déchoir du trône de l'univers pour en faire la vassale de ce nouveau suzerain, et on la laisse au milieu des autres, sans privilége apparent, sans aucune marque de distinction quelconque. Or, c'est précisément cette absence de toute preuve d'importance particulière, cette analogie parfaite avec les sphères auxquelles elle est mêlée, qui a été, on se le rappelle, notre point de départ au début de la thèse que nous avons démontrée.

La pluralité des mondes peut donc être considérée comme la conséquence du système de Copernic; et, si la foi n'a rien perdu dans l'universelle adoption de celui-ci, pourquoi perdrait-elle plus à voir admettre cet autre qui en découle ?

Et qu'est-ce que le matérialisme, qu'est-ce que le déisme et le panthéisme auraient donc à voir dans les nouvelles perspectives que nous ouvrons sur l'univers ?

Plus nous reculons les limites de la nature intelligente, plus nous donnons d'extension à l'immensité, plus nous développons l'infini, et plus ces anciens mots de Hasard, de Nature, de Lois Eternelles des êtres, deviennent impuissants à expliquer la cause de l'univers et le maintien de ses harmonies, plus le Dieu du chrétien revêt de majesté, et plus l'homme, extasié devant ses œuvres, s'écriera avec enthousiasme : *Mirabilis in altis Dominus ;* le Seigneur est admirable dans la profondeur des mondes.

S'il se présente quelques difficultés de conciliation dans les détails, il ne faut voir là qu'un reste du préjugé, un effet de la surprise, et le résultat nécessaire d'un changement subit dans les idées reçues.

De même, si l'on rencontre, éparses dans la tradition catholique, certaines inductions contraires à ce système, il n'y faudrait voir aussi que les témoignages humains d'une science toute humaine. Les saints Pères, et même quelques Conciles, ont pu mêler à leurs explications dogmatiques certaines idées philosophiques qu'ils empruntaient à leur siècle, appuyer la vérité divine des moyens humains qu'ils possédaient alors, sans que pour cela l'Eglise ait jamais eu l'intention de se prononcer sur ces idées incidentes.

On doit remarquer, et c'est un miracle perpétuel

en faveur de l'infaillibilité de l'Eglise, que jamais la science n'a pu la trouver en défaut. Une sagesse toute providentielle, qui ne peut s'expliquer que par une surnaturelle intervention, préside à la conservation du dépôt sacré de la révélation, et jamais, dans les siècles les plus barbares comme les plus éclairés, on n'a pu la convaincre d'avoir compromis la vérité, même philosophique, par des témérités *officielles*.

Ceux de ses Docteurs ou de ses Pontifes qui se sont trop avancés sur le terrain mouvant des questions abandonnées à la libre discussion, ont été délaissés, isolés de toute solidarité, et déclarés personnellement responsables de leur opinion particulière ; et, partout et toujours, l'espace laissé libre à la raison, a été respecté dans ses limites, sans qu'on puisse signaler aucun empiétement sur ses droits.

In necessariis unitas, in dubiis libertas ; unité dans les choses nécessaires ; dans les douteuses, liberté : telle a été la pratique constante de l'Eglise.

Toutes les fois que Dieu n'est pas intervenu dans les mystères du monde, par une révélation positive et certaine, la plus entière liberté a été laissée à l'esprit humain, et les grands génies qui ont illustré le Christianisme, ont été les premiers à jouir de cette prérogative.

Là, aucune tyrannie que celle de la vérité ; aucunes limites que celles qu'a tracées le doigt même de Dieu : et, en dehors, les hypothèses, les opinions et les systèmes, jouissent du droit de franchise le plus largement appliqué.

Cette réserve habituelle de l'Eglise, cette attention inquiète à se renfermer toujours dans les strictes bornes de l'inspiration divine, sont de puissantes garanties en faveur des droits, sacrés aussi, de la raison.

Voilà pourquoi l'opinion que nous soutenons ne peut pas rencontrer d'opposition sérieuse dans les traditions catholiques.

Cette opinion, du reste, n'est pas nouvelle : elle s'est déjà produite çà et là dans plusieurs ouvrages, et jamais, que nous sachions, elle n'a encouru aucune censure.

Donc en principe, elle n'est pas contraire à la foi.

Pour nous, nous croyons fermement que, loin de perdre à ce système, le sentiment religieux y gagne en force et en élévation ; et que, le cercle des idées s'agrandissant dans notre esprit, les aspirations du cœur devront se dilater en proportion.

XIV

AINTENANT, élargissons le cercle de nos études ; sortons de cette étroite parcelle de l'espace qui a été abandonnée au soleil pour le développement de ses forces, et élançons-nous dans les abîmes de la création.

Aussi bien, quand une fois la pensée a flairé l'espace, elle étouffe dans des limites quelconques : c'est l'infini qu'il lui faut.

Nous avons vu que le soleil est habitable : les déclarations de la science sont formelles à cet égard.

Qu'il soit habité, c'est ce que semble prouver la présence d'une atmosphère tempérée à son contour, mais surtout les raisons de la plus haute convenance. On concevrait avec peine et, en quelque sorte, à regret, que celui qui porte chez les autres la fécondité et la vie, en fût privé dans son intérieur ; qu'il répandît partout, dans les flots de sa lumière, le principe de la vie végétative et animale, et qu'il ne fût lui-même qu'un bloc stérile, privé de sève, dépouillé de cette riche nature qui est le vêtement des mondes.

Pour peu qu'on lâchât ici les rênes à l'imagination, elle se plairait à revêtir ce monde singulier d'une nature bien plus riche et plus splendide que tout ce qui existe à la surface des planètes : elle le peuplerait même volontiers d'intelligences supérieures à l'homme ; et les corps de ces intelligences, moins grossiers que l'ignoble chair humaine, seraient doués d'une subtilité plus en harmonie avec les feux brillants qui les entourent.

Quel beau théâtre pour elle ! Quel sujet de charmantes rêveries !

Mais nous avons mis l'imagination au ban de ce livre, nous ne permettrons pas qu'elle y rentre un seul instant.

Quoiqu'il en soit donc de la question de savoir si le soleil lui-même est habité, il est au moins un fait que nous croyons avoir démontré, c'est qu'il est le centre de mondes habités ; et cela nous suffit. Ce fait va devenir la pierre d'assises d'un nouvel échaffaudage d'idées, qui couronneront l'édification de ce système.

L'astronomie est unanime à admettre que le soleil n'est qu'une étoile semblable aux astres sans nombre qui peuplent le vaste champ de l'infini, seulement une étoile plus rapprochée de nous ; ou autrement, que les étoiles sont autant de soleils identiques à celui qui nous éclaire, mais plus profonds dans l'espace.

La différence des distances est la seule cause de la différence de volume et d'éclat. En sorte que, si le soleil reculait indéfiniment dans les profondeurs de l'abîme, son éclat et son volume diminuant en proportion de son éloignement et subissant successivement les phases d'une gradation décroissante, il ne nous apparaîtrait bientôt plus que comme une étoile de première grandeur, puis de seconde, puis de troisième, deviendrait un astre télescopique et disparaîtrait enfin totalement. De même, si l'une des plus petites étoiles se rapprochait de nous à la même distance que notre soleil, elle en aurait le même volume, le même éclat, la même ardeur.

La nature est la même ; les apparences seules sont modifiées par d'incalculables distances.

On n'avait eu, jusqu'à ces dernières années, aucune donnée, même approximative, sur cette prodigieuse distance des étoiles. Ce ne fut qu'en 1840, qu'un astronome allemand, M. Bessel, de Kœnigsberg, parvint à fixer par un chiffre les incertitudes de la science. Au lieu de s'adresser aux plus grosses étoiles, comme on avait fait jusque-là, assez naturellement mais sans aucun succès, il eut l'idée de diriger ses observations sur une toute petite, la 61e du Cygne ; et il put enfin parvenir, à force de patience et de minutieuse attention, à remarquer un léger déplacement de l'étoile, résultant du mouvement de la terre dans son orbite annuelle. Ce déplacement constaté, il n'y avait plus qu'à appliquer les principes géométriques pour la mesure des angles, et il fut démontré que la distance de cet astre à la terre était six-cent-mille fois plus grande que celle du soleil, ce qui équivaut au chiffre effrayant de 22,800,000,000,000 de lieues.

Quoi d'étonnant, après cela, que les étoiles, malgré leur importance absolue et l'énormité de leur volume, ne nous apparaissent que comme des points lumineux, ou même nous soient tout-à-fait invisibles ? Et, vouloir raisonner de leur valeur matérielle par le faible jet de lumière qu'elles laissent échapper, ne serait-ce pas imiter la simplicité du bouc de la fable, qui crut, sur la foi du renard, que la lune était un fromage ?

Si l'énormité des différences d'éloignement permet de croire à la possibilité d'une analogie entre le soleil et les étoiles, la fixité de ces dernières et leur scintillation lumineuse, y ajoutent un très-haut degré de probabilité : car, comme le soleil, elles sont *immobiles et lumineuses par elles-mêmes*.

Leur immobilité est facile à constater.

Il est bien vrai que, par suite du double mouvement de la terre, annuel et quotidien, les étoiles semblent chaque jour se lever et se coucher, et, de plus, changer de position aux diverses saisons de l'année, de manière à ce qu'une étoile, par exemple, que nous aurons observée verticalement au-dessus de nos têtes, le 1er mars, à minuit, se couchera à la même heure le 1er juin, sera au nadir le 1er septembre, se lèvera le 1er janvier, toujours à la même heure, et ne se retrouvera précisément au même point du ciel que le 1er mars suivant, à minuit, c'est-à-dire un an plus tard.

Il est vrai encore que M. Bessel a constaté un léger déplacement dans la 61e du Cygne, mais ce n'est là, comme pour le soleil, que le résultat de la rotation de la terre.

En réalité, le ciel étoilé est immobile, et les astres qui y sont suspendus conservent invariablement les mêmes rapports entre eux. La Grande-Ourse représente toujours un chariot; le Cygne, une croix; Cassiopée, une chaise; Pégase, un carré, etc., et jamais les observations les plus minutieuses n'ont pu constater la plus légère divagation : tandis qu'il en est tout autrement pour les planètes.

Celles-ci changent chaque jour de position par rapport aux astérismes auxquels elles se trouvent transitoirement mêlées : tantôt elles brillent dans une constellation et tantôt dans une autre ; et c'est précisément ces perpétuelles divagations qui leur ont valu la dénomination de *planètes*, qui en grec signifie : *errantes, vagabondes*.

La différence du rayonnement n'est pas moins grande entre les étoiles et les planètes que celle de leur mouvement. Comme nous l'avons déjà dit au nᵒ III, la lumière des étoiles est scintillante, c'est-à-dire qu'elle nous arrive par des ondulations mobiles et successives, comme si l'émission des rayons était un dardement de flèches lumineuses, dirigées contre notre œil ; et la lumière des planètes, au contraire, douce et tranquille, ressemble au rayonnement d'un lac limpide, que ne riderait pas le moindre souffle.

La raison de cette différence essentielle dans la nature de ces deux lumières, provient de ce que les étoiles, comme le soleil, ont une lumière qui leur est propre et dont elles sont le foyer, tandis que les planètes ne font que réfléchir les rayons lumineux qui leur viennent du soleil, comme une glace réfléchit la lumière d'un lustre, et n'ont par elles-même aucune propriété lumineuse.

Il y a donc entre le soleil et les étoiles la plus frap-pante analogie ; et, à la distance près, c'est, selon toutes les apparences, la même nature lumineuse, la même importance physique.

On prévoit dès-lors où nous voulons en venir.

Nous dirons : si les étoiles sont des soleils, pour-quoi ne seraient-elles pas habitables comme le nôtre,

pourquoi, comme lui, ne seraient-elles pas le centre
de systèmes planétaires ?

En appliquant aux étoiles par rapport au soleil les
raisonnements que nous avons faits sur les planètes
par rapport à la terre, pourquoi n'en tirerions-nous
pas les mêmes conséquences ? Et, si nous avons pu
dire avec raison : les planètes sont en tout semblables
à la terre, donc elles sont habitées comme elle ; nous
pouvons dire avec autant de raison : les étoiles, sont
semblables au soleil, donc elles sont comme lui le
centre de mondes inférieurs.

Nous avons absolument les mêmes droits, car
l'impression que cette analogie nouvelle produit sur
nos esprits est tout aussi forte, tout aussi per-
suasive.

Nous ne comprendrions pas mieux qu'au milieu
des milliers de soleils qui flottent dans l'espace, le
nôtre eût à lui seul le singulier privilége d'être le
foyer de mondes animés, que nous ne nous expliquc-
rions l'anomalie d'une planète, seule habitée au
milieu de plusieurs autres qui lui ressemblent.

D'ailleurs, les considérations que nous avons pui-
sées dans la méditation des grandeurs de Dieu et des
mystères du monde moral, n'ont de valeur réelle
qu'autant que l'exercice des attributs divins approche
le plus de l'infini.

Le monde matériel nous aprarait si vaste, serait-il
possible que le monde moral fût si petit? La Puissance
divine s'est manifestée dans l'univers d'une manière

immense, comment croire que sa bonté, celui de ses attributs qui lui est en quelque sorte le plus cher, ait été renfermée dans une aussi étroite enceinte?

Non, le système planétaire, dont le soleil est le centre, ne peut plus satisfaire, à lui seul, nos aspirations à l'infini : il n'est que le premier anneau d'une chaîne que la raison soude aussitôt à un autre, puis à un autre, puis à mille, à des millions, et dont le dernier est rivé au trône même de Dieu, qui est la fin comme le commencement des êtres; et, une fois que la raison s'est emparée de ce premier anneau, comme la roue dentée d'une machine, elle les contraint à se dérouler tous, et, plutôt que de lâcher prise, elle se laisserait entraîner au plus profond des abîmes de l'infini.

Supposons donc admis 1° que le soleil, ou au moins les planètes qui en dépendent, sont habités; 2° que chaque étoile est un soleil, et, par conséquent, le centre de mondes planétaires habités comme le nôtre : il ne nous reste plus qu'à jeter un coup d'œil rapide dans l'espace, pour essayer de nous faire une idée, s'il est possible, du grand œuvre de la création, et des sublimités inénarrables de son Divin Ouvrier.

XV

ous avons dit plus haut que l'espace était *l'étendue du possible* : nous ne savons plus si cette définition n'est qu'une réminiscence philosophique ou nous est personnelle, mais, en tout cas, nous la croyons juste, et c'est l'important.

Or, le possible pour la puissance divine, c'est l'infini : l'espace est donc infini.

Mais, comme il n'y a qu'un infini, qui est Dieu, on pourrait dire aussi avec vérité que l'espace est l'immensité même de Dieu ; le théâtre infini de sa présence infinie, l'enceinte essentiellement illimitée

6

où *il est*, et où son être manifeste ou peut manifester ses divins attributs.

Mais, serait-il possible que Dieu n'eût pas manifesté sa puissance dans toute l'étendue du possible; qu'il y eût dans l'espace des réservoirs mystérieux où n'aurait point pénétré son action créatrice; des portions du vaste champ de l'infini laissées en friche, et abandonnées en partage à l'horrible néant?

L'idée même du néant n'est-elle pas inconciliable avec l'idée de la création?

Si la création n'est pas infinie, comme la Puissance qui l'a opérée, il y aurait donc des limites entre l'être et le néant; une ligne de démarcation au-delà de laquelle cesserait l'action divine, et où régnerait le plus effrayant des mystères, le plus sombre des abîmes, l'abîme et le mystère du néant?

Mais l'imagination se refuse à concevoir ces limites. Emportée par l'idée de l'infini, et secondée par la raison elle-même dans son fougueux essor, elle brise toute clôture supposée des mondes, pour retrouver plus avant dans l'espace d'autres mondes encore; et, poursuivant de plus en plus ses ardentes recherches, elle ne rencontre d'autre terme que celui de la puissance divine, d'autre mur d'enceinte que son immensité.

Telle est à *priori* l'idée de la création. Comme elle est l'œuvre d'un Dieu infini dans tous ses attributs, il semble que cette œuvre doive participer à l'infinité de son auteur: comme elle est l'exercice et la preuve

d'une puissance sans bornes, cet exercice pour être
digne, et cette preuve pour être juste, doivent être en
quelque sorte également sans bornes, en ce sens, du
moins, que si les mondes sont d'une nature matérielle essentiellement finie, leur ensemble numérique
semble illimité comme l'espace qui les contient.

En fait, la création nous apparaît immense.

Il n'y a guère, il est vrai, que cinq à six mille étoiles visibles à l'œil nu, mais le nombre de celles
qu'on découvre avec le télescope dépasse de beaucoup
cent millions, depuis la première grandeur jusqu'à la
quatorzième.

Dans une seule portion de la constellation d'Orion,
sur une bande de quinze degrés de long et de deux seulement de large, Herschell en a pu compter jusqu'à
cinquante mille, et il y a des régions du ciel où les
étoiles sont incomparablement plus serrées encore.

De plus, il existe dans les cavités de l'espace
un phénomène qui accuse bien mieux encore l'immensité de ses profondeurs : nous voulons parler des
nébuleuses.

On appelle ainsi des taches blanchâtres, d'une
lumière indécise et diffuse, répandues çà et là dans
le ciel, avec des configurations variées et des différences d'éloignement prodigieuses.

On en a déjà catalogué deux mille cinq cents, et
tous les jours on en découvre de nouvelles.

Cette longue bande circulaire, connue sous le nom
de *Voie Lactée*, ou plus vulgairement encore de

Chemin de Saint-Jacques, n'est elle-même qu'une né-
buleuse, ronde et aplatie en forme de meule de
moulin : plusieurs astronomes prétendent même que
notre soleil et ses dépendances en font partie, et
qu'il est un des milliards de mondes qui la com-
posent.

Car ces nébuleuses ne sont que des amas d'étoiles.

C'est leur extraordinaire éloignement et leur res-
serrement dans un espace relativement petit, qui
empêchent leur lumière de nous arriver par un
rayonnement distinct, et qui produisent cette lueur
vague et douteuse qui fait tache sur l'azur du ciel.

Vue au télescope, cette lueur lactée se résout en
une quantité prodigieuse de petites étoiles, plus ou
moins distinctes, suivant l'éloignement de la nébu-
leuse ou la force de la lunette.

Il en est cependant qui sont à de si énormes distances,
que les plus puissants télescopes ne peuvent les résoudre. Certains astronomes en ont induit qu'elles
n'étaient pas de la même nature que les autres, et
ont imaginé pour *expliquer* ce phénomène — ne faut-
il pas tout expliquer? — qu'elles n'étaient qu'une
agglomération de *matière cosmique*, c'est-à-dire d'une
substance subtile et gazeuse, qui, en se condensant
à la longue, forme la masse des étoiles. Mais cette
théorie ingénieuse, à laquelle avait donné lieu la
non-résolubilité de certaines nébuleuses, s'est trouvée
ruinée par l'expérience, puisque plusieurs amas né-
buleux, long-temps regardés comme ne pouvant se

résoudre, ont successivement cédé au perfectionnement progressif des télescopes. Il est donc naturel
de croire qu'il en serait ainsi de toutes les nébuleuses, si les lunettes étaient assez puissantes.

La télescopie n'a pas dit son dernier mot : et, pourtant, quelle différence entre le ciel, je ne dirai pas
des anciens, mais le ciel vu au télescope de Galilée,
et le ciel vu au télescope d'Herschell, et mieux
encore dans l'instrument plus moderne et plus gigantesque de lord Ross ! Et d'après les résultats obtenus
progressivement, n'est-on pas en droit de conclure
que, la puissance télescopique augmentant, les
trésors cachés du firmament augmenteraient en proportion ?

En supposant donc dans les lunettes astronomiques un perfectionnement qui recule jusqu'à la
vingtième grandeur la classification stellaire, arrêtée
jusque-là à la quatorzième, que de millions, que de
milliards d'astres nouveaux se feraient connaître !

Puis, supposons des lunettes cent fois, mille fois
plus puissantes encore; et, de suppositions en suppositions, arrivons au terme dernier du perfectionnement
humain ; serons-nous, pour cela, au terme de la
puissance divine, aux confins de l'univers ? Évidemment, non.

La pensée pourra prendre pour nouveau point de
départ le plus distant des astres, sur lequel auront
porté les plus hardies observations de la science,
puis de là, braquant de nouveau son télescope et

ses calculs dans les profondeurs de l'espace, elle y découvrira d'autres étoiles de toutes les grandeurs, d'autres nébuleuses résolubles et non résolubles, d'autres horizons de plus en plus infinis, sur lesquels d'autres se superposeront encore. Bientôt les diverses couches de ces mondes se multiplieront elles-mêmes d'une manière effrayante : comme les flots qui se touchent et se poussent l'un l'autre, les mondes pousseront les mondes; et de proche en proche, d'étages en étages, la pensée montant, montant encore, et montant toujours, se retrouvera, haletante et n'en pouvant plus... aux premiers degrés de l'échelle des êtres, et verra encore avec effroi se dresser devant elle toute l'immensité de l'infini.

Au milieu de cette poussière de soleils, les planètes qui les entourent ne laissent pas même soupçonner leur existence : ce sont des infiniment petits, des atômes microscopiques que l'œil dédaigne, et dont il regretterait l'observation même rapide comme un temps perdu, enlevé à des contemplations plus sublimes.

Grand Dieu ! qu'est donc devenue la terre d'où nous sommes partis? et comment pourrons-nous même retrouver notre soleil, simple goutte d'eau dans cet océan sans limites et sans fond ?

Terrassée dans cette lutte corps à corps avec l'infini, désespérée de son impuissance, défaillante et épuisée, la pensée retombe de tout son poids sur la terre, et, reconnaissant la vérité de cette parole sacrée: *Celui qui voudra scruter la Majesté divine sera opprimé par la gloire*, elle s'anéantit dans les humiliations de la prière.

Oh! que l'humilité va bien à l'homme!... Et que cette vertu lui serait facile, s'il méditait tant soit peu sur son néant, et sur l'immensité des perfections divines!...

Pauvre orgueil humain!... fais donc valoir tes prétentions à être quelque chose : étale donc avec une ridicule complaisance tes titres à l'admiration, à la considération publique : va donc, dans l'excès de ta folie, insulter le Créateur et le Conservateur des mondes ; le mesurer à ta taille, lui demander compte des décrets de son impénétrable sagesse, te plaindre des mystères qui enveloppent sa nature, lui dénier tes adorations, refuser de plier le genou dans ses temples, blasphémer son nom redoutable, te rire de ses préceptes saints, et mettre quelquefois le comble à ta folle audace, en niant jusqu'à son existence.

Comme il t'écrase de ses grandeurs!...

XVI

ᴛ maintenant, cher lecteur, nous avons fini.

Si nous ne sommes point parvenu à faire passer dans votre esprit les convictions du nôtre, peut-être, du moins, aurons-nous réussi à l'élever un peu au-dessus du terre-à-terre où rampent les pensées du commun des hommes.

Le soir, dans vos promenades solitaires ou sur l'appui de votre fenêtre, vous trouverez dans la contemplation des cieux un sujet de douce rêverie : les étoiles vous parleront, vous parlerez aux étoiles, et

de ces entretiens mystérieux, vous sortirez plus noble, plus grand, plus digne de vous-même et de votre
céleste origine.

C'était notre désir.

FIN.

TABLE.

FIN DE LA TABLE.

LIMOGES. — IMP. DE BARBOU FRÈRES.